万平 BOKS

3

MANPEI BOKS

目次

本書は北村想の未発表ないし未刊行の戯曲・小説を出版するシリーズ
「万平ＢＯＫＳ」（まんぺいボックス）の第三巻である。

悪夢《あくむ》の顛末《てんまつ》

1

誰がどういうきっかけでその話をはじめたのか記憶にはない。男四人に女一人、ドライブをした時のことだ。

夢の話になった。眠っているときの夢のほうだ。

「あいにく、俺は不眠症ってやつでね。まったく眠れないわけじゃないんだけど、時々は夜通し起きていたりするんだ」

そういったのは、イベント会社での営業をやっている西村だ。彼は今年三十歳になったばかりの独身で、仕事も遊びも人一倍やるというタイプの男である。

「そうですか。西村さんは、もっと図太いかと思っていましたが」

運転席から、ハンドルを握っている劇団員の高岡がいった。これは去年入団したばかりの新人だが、すでに何度か舞台には立っている。特に芝居が上手いからというわけではない。男性の役者が少ないのである。劇団といっても、私たちの劇団はメディアが小劇場演劇と名付けた体裁の劇団だ。最近ではとりわけ我々のやっているような小劇場演劇は、すっかり女性のモノとなってしまった感がある。ジェンダー・プロブレムとでもいうのか、男は生活のための仕事に時間をとられるので、家庭を持てば芝居などヤっている余暇はナイ。

「馬鹿言え、俺は繊細なんだから」

不眠症が運転手に反論する。

「だから、逆に夢はみないというの」

そう問いかけたのはその日の紅一点、個人で作曲や編曲の仕事などをしている、いわゆるフリーランスの山本玲子だ。作曲といっても、歌謡曲の類を作っているわけではない。やはり、イベント関係の音楽やら劇中の音楽やらを専門にやっている。それでも著作権のきびしい近頃、需要はけっこうあるので収入もある。

「そんなことはないよ。神経が繊細だからこそ夢っていうのはみるんだろ」

「繊細だとすると、さぞ叙情的な夢をごらんになるんでしょうね」

また運転手がそういった。

「ジョジョーか。いや、リアルだな。リアルな夢が多いよ」

「リアルといいますと」

「手形が不渡りになったり、イベントの企画が流れたり、集金先の会社が倒産したり、ろくな夢じゃないいな」

「ほんとに、あんまりいい夢じゃないわね」

「夜中にそれでガバッと跳ね起きたりすることもあるんだ」

　ワゴンのボックスカーはゆっくりとカーブした。ギアがセコンドに入る。ゆるい、長い坂道だ。

「そういうリアルな夢って、僕も多いですよ。本番の初日がせまると、決まってみる夢があるんですよ。幕が開いていざ舞台に出てみると、科白が一つも出てこないんです。あれっ、変だなと考えてみると、覚えてないんですよ、その芝居の科白、全然。と、いうか、僕の知らない芝居が始まってるんです。ともかく、何とか誤魔化して、へとへとに疲れて楽屋に戻ってくると、プロデューサーが現れて、お疲れさんじゃあソワレもよろしく、なんていうんです。つまりその日は昼夜の二回公演だったという、これがおまけつきで、それでええ、眼が覚めて」

　坂道が終わった。

「山本さんは、どんな夢をごらんになるんでしょうか」

　ハンドルを元にもどして、ギアをチェンジすると、高岡は自分の夢の話を中断してそう聞いた。本日の運転手は気配りのきく輩である。自分の夢の話がつまらなかったのではないかと、そう思ったのだろう。それでも話題を途切れさせないように気を遣っている。

「私、うーん私は、そうねえ。でも、他人の夢の話って聞いていて存外つまらないものなんじゃないの」

「ああ、そうですね、そういうことって往々にしてありますね。あれはどうしてなんでしょうねえ」

高岡は自分のことをいわれたのではないかと、耳を少し赤くした。

「追体験するのが難しいからなんじゃないかしら」

山本が意外におもえるほど論理的に応える。

「そうでしょうねえ。所詮は他人のみた夢ですもんねえ」

高岡は恐縮しながらも適当に話を合わせている。気配りというより少々被害妄想気質なのかも知れない。

「それに、夢の話って漠然としているでしょ。それが拍車をかけて大概の夢の話をつまらなくしているんだわ、きっと」

この時、それまで腕組みをして黙って窓の外の景色を見ていた和鵜が、ぽつりと独り言のようにいった。

「海だな」

それで、みんないっせいに窓の外を観た。海がみえるのかと思ったからだ。

「僕は海の夢をよくみる」

和鶍がそういったので、

「何だ、海でもみえるのかと思ったら、和鶍さんの夢の話ですか」

高岡がそういって、穏やかに笑った。

和鶍というのは感嘆符のような珍しい苗字だが、彼の故郷のG—県大井村の一集落においては、たいへん多い苗字なのだそうである。

「和鶍さんです」と西村から紹介された時は、

「ワウって何ですか」と思わず聞き返した覚えがある。

和鶍もイベントやらCMの音楽関係の仕事をしている。山本とちがってハードのほうだ。音響機器の貸し出しから、さまざまな催しものの音響効果、舞台の音楽の演出にいたるまで、音楽全般を業務とする会社のともかく社長である。だから、西村や山本とも一緒に仕事をする事が多い。

「海、といいますと、いわゆる広い海ですか」

という高岡の質問に、和鶍は「うん」とうなずいた。

「でも、和鶍さんのお故郷《くに》は、海なんかなかったでしょ。たしかG—県だと聞いていますが」

「ああ、そうなんだ。海はない。海というやつをみたのも中学の修学旅行でこっちのほうに来た時が初めてだった」

「それが、また何で、海の夢なんかごらんになるんですか」

和鵜は伸ばした顎髭をひと撫でして、

「さあ、どうしてだろう」と山本に視線を投げた。

「海の夢って、具体的にどういう夢なの」

話を振られたかたちになったので、今度は山本が訊いた。

和鵜は少し伏目になって考えていたが、

「海があって、僕は泳げないんだけど、その海にどんどん入っていくんだ」

そう答えた。

「それから」山本は興味ありげだ。

「それからはわからない。ともかく最初、ここに入れという声が聞こえて、恐々ながら海に足を入れる。と、もっともっとだという声が聞こえて、今度はこっちへ来いと、海の向こうから声がして、僕はどんどん深いところへ入って行くんだ。それっきりだ。たいてい、その後はみていない」

「ふーん、ちょっと怖い夢ね」

山本がそういって、継ぐコトバのない沈黙が数秒あった。

「海の方へ行ってみましょうか」

運転手はゆっくりとブレーキをかけると、我々に振り向いてそういった。

「近いのかい、海」

西村が訊ねた。

「三十分くらいで行けると思います」

「何処の海なの」

そう訊ねたのは山本だ。

「半島に面していますから湾ですけど、なんていったかな、一度仕事で行ったことがあるんです」

運転手の高岡が答えた。

「おいおい、一度きりしか行ってない所へ大丈夫かい。地理はわかるの」

西村は心配そうだ。

「ええ、道は簡単なんです」

「たぶん、西海湾ね。それなら私も行ったことがあるから大丈夫よ。ナビゲート出来ると思うわ」

運転の出来る山本が知っているのなら安心だろう、と、そういう事になって、ワゴンは一路海をめざして走り出した。

　こういう行き当たりばったりのドライブを我々はよくやるのである。たぶん、普段の仕事がタイムテーブル通りに進行していく分刻みの仕事なものだから、時間で割られてキチンと決められたスケジュールのまったくナイ、こういう無目的な旅というのが、ストレスの解消になるのだろう。

「和鵜さんの夢の話、もう少し聞きたいわ」

　山本の黒目勝ちの瞳が、後部座席の和鵜に催促の視線を送った。

「そういわれても、夢はさっきいったあれだけなんだ」

「いつ頃からなの、その夢」

「ここ半年かな。もちろん、子供の頃は海なんか知らなかったから、あたりまえのことなんだが、そんな夢はみてない」

「夢判断っていうか、フロイトの夢の精神分析でいうと、どうなるのかしらね」

　そんなことの出来る人間はあいにく同乗してはいない。

「海って女性の象徴なんじゃないんですかね」

　高岡が知ったふうな口をきいた。

「じゃあ、お前、そこに入るってことはだよ、その、あれなんじゃないのか、女の、ひっひっひ」

西村が品の無い高い声で笑う。

もちろん西村がいわんとしていることは、その夢は性的なものを暗示しているのではないかということだ。

「こっち、こっちって誘う声がするところなんざ、ますますあれだね、和鵜さんは石部金吉なんていわれてるけど、潜在願望として、やっぱり、女性に誘惑されたいと思ってんじゃないのかな。ひっひっひ」

どうして、笑うと西村はこんなに下品な声になるんだろう。

「俺は、そんなにカタブツな人間じゃないよ」

ややムッとした顔で和鵜は、吐き棄てるようにいった。


車は午後の強い日差しの中を走っていた。アスファルトにレールでも敷かれていて、その上を規則正しく動いている、そんな安全運転だ。

まだ五月だというのに、光が眩しい。いや、むしろ五月だからというべきなのだろうか、サングラス越しにも、陽光のきらめきというやつがよくわかる。山々の緑は蛍光絵具で描かれているのではないかと思えるほどだ。

和鵜は窓から外をみるばかりで車内に目を向けようという気配はない。何の音楽を聞いているのだろうか、こういう時は仕事から離れればいいと思うのだが、耳から細いラインチューブを二本ぶら下げて、シャカシャカという音がそこから漏れて聞こえている。

「ここは劇作家の先生に分析してもらわなくっちゃねえ」

西村はそういって、こっちをみた。さっきの夢判断の話が、まだ続いているのである。

「海か。海とはいえ女性だとばかりはいえないだろう。夢というのは必ずその人の共同幻想と関係があるという理論もあるくらいだからな。しかし、和鵜の場合は、幼少年時代に海とはあまり関係のない共同性を持っているんだから、そういうことでもないな」

高岡の知ったかぶりとあまり差のないことをいってしまった。

「仕事とは関係ないだろうか」

片耳だけイヤホンを外すと、そう和鵜が聞いた。

「仕事って」

「いや、前の会社から独立して今の自分の会社で仕事を始めてからなんだ。その、いまの海の夢をみるようになったのは」

それは、どう考えても結びつきそうにはなかった。音楽事業と海の夢。しかも海が誘って入水するという奇妙な夢だ。接点がまるでない。

「仕事との関係はワカラナイけど、西村が分析したみたいに、和鵜の夢をフロイトのいうような性的なものだとは思わないな」

「じゃあ、何なんですか」

西村が、こちらをみて訊ねる。

「いや、それはちょっといえないな」

「いえないって、何かヤバイことなの」

今度は山本が聞いた。

「うーん、つまり、何というか。コイトスではなくタナトスかなと思うんだ」

「タナトス、何ですかそれは」

と、今度の質問は運転席からだ。

「いや、つまり、死に対する願望、羨望、そんなようなものだ。もちろん潜在的なものだから、それは多かれ少なかれ、誰にでもあるものだけれど」

話が重苦しくなってきた。道路にカーブが多くなってきた気もする。

「飲み物でも買っていきますか」

助かった。運転手が自動販売機の並びをみつけたらしい。なるほど、ベンダーが見本市をやっている。道路沿いに二十はあるだろうか、これならどんなに不注意な者でも見落としはしないだろう。

西村が小銭をつかんで、もう駆け出している。こういう時の西村の動作は戦場の兵士を思わせる。孫子にいう、疾きこと風の如しだ。

やがて両手いっぱいに缶ジュースとコーヒーを抱えて西村がもどってきた。それを座席のシートに一旦置くと、いちいち銘柄を述べて、店を始めた。

「ジャマイカ、モカ、コロンビア、アトはコーラにオレンヂ、野菜ジュース。メーカーでいうなら、うーん、まあいろいろあるよ。といって何処が美味いか不味いかはぜんぜん知らないんだけどね。どれにする。まあ、ビールもあるにはあるんだけど」

山本と和鶫はハッキリとコーヒーの銘柄を指定したが、高岡は何でもいいですと返事した。どうでもいいという口調ではナイ。目上の人に対して銘柄などを指定することは失礼だと思っているのかも知れない。どうでもイイのだけど、そういうことを気づかう性格なのだ。

ビールは飲酒運転になるので、飲むのは海に着いてからになると心得ている。

ともかく、それをキッカケに夢分析の話題はそこで終わった。

ちょうど野菜ジュースを飲み干した頃に、車窓からうまい具合に念願の海がみえた。天気がいいので、半島がくっきりとみえる。特定の公園地域ではないが、美観はすてたものでもない。我々は車を降りた。

まともな海、というのは妙な表現かも知れないが、そこにはちゃんと砂浜もあった。そういう意味ではまともな海なのである。

海水浴にはまだ早いから人の気配はない。汚らしい海の家も閉店している。

「いいとこじゃないか」

いいながら、西村はもう靴を脱いでいる。海に入ろうというのだ。

「ひょっとしてラッキーだったんじゃない。こういうとこって、なかなかないよ」

山本もソックスを脱ぎ始めた。

和鵜はぼんやりと水平線を眺めている。さっきの夢の話でも思い出しているのかも知れない。そんな感じだ。

ブイが幾つも転がっている。黄色いの、赤いの、緑色の。蹴ると鈍い音がした。

小船の停泊に使用されるらしい桟橋には、テトラポッドが半ば赤茶けて波に洗われている。

殺風景な海浜といえばそうなのだが、こういう景色は嫌いではない。作為のない舞台装置のようでかえって心地好い。

長閑だな。

願いどおりの休息だ。

西村と山本は波うちぎわで、素っ頓狂な声まであげて走り回っている。

そのうちに高岡がサッカーボールをみつけてきた。いったいこんなものを誰が置いていったのだろう。近所の子供か、去年の行楽客の忘れものかも知れない。我々はしばし浜辺の蹴球に興じた。いや、待て、おいっ、
一人足りない。

高岡がそれに真っ先に気づいた。

「あれ、和鵜さんは」

嫌な予感が背筋の毛を逆撫でた。咄嗟に海をみると和鵜がそこにいた。腰まで水につかって海の中を歩いているのだ。

「危ないっ、おいっ」

叫ぶと、西村と高岡が同時に駆け出して行った。

波打ち際で西村がつんのめって転んだ。あいつらしい。こういう一大事な時にいつも彼は漫画みたいな失態をみせる。

高岡が手を貸して西村を起こした。

「馬鹿っ、そんなことしてる場合じゃないでしょ。あっちよ、和鵜さんよ、和鵜さんのほう

よ」

甲高い女性の声が飛ぶ。和鵜はもう肩まで海につかっている。

「和鵜さんっ」

高岡の叫ぶ声がきこえた。

「敬三さんっ」

山本の声が金切り声になった。

高岡が和鵜の手をつかむのがみえた。西村は和鵜の首を抱えた。

二人がかりで、やっとの思いで砂浜まで和鵜を引きずってくると、山本が和鵜に駆け寄って抱きついた。

「しっかりして、大丈夫」

「おい、しっかりしろ」

和鵜はどんよりと鈍い眼をしている。まるでドラッグでもやった後の、そんな眼だ。

思い切って、頬に平手で数発くれてやった。

「眼を覚ませっ」

肩をゆする。

と、

「ん、ん、あっ、うん」、いったい何が起こったんだ。そんな顔で和鵜は正気に、たぶん正気にだろう、和鵜にそんな目つきがもどった。

「どうしたのよ、敬三さん」

問われて和鵜は額に手をあてると、しばし考えこんだ。

「いや、ワカラナイ。夢と同じだ。同じ声が聞こえてきたんだ」

「こっちへ来い、海に入れってやつか」

「ああ、そう。そうしたら、身体が自然に動いていって。それで」

和鵜はもうすっかり普通の顔色にもどっていたが、しばらく頭を抱え込んではいた。後悔にしかならないのだが、この事態をもっと慎重に吟味すべきだった。

とにかく、その日は戻ろうということになった。五月のまだ冷たい海に入ったせいか、西村がさかんにクシャミをしていたこともあったのだけれど。

2

和鵜が亡くなったのはそれから間もなくである。ほんの数日後だったか。

自殺だった。

入水したのだ。

あの時と場所は違うが、きっと目撃者がいたら、あの日我々が見たのと同じ光景をみたに違いない。和鵜はある夜、一人、車で近くの海まで来ると車は乗り捨て、そのまま海に入っていったのだ。状況からみて、そうとしか考えられないカタチで和鵜はこの世の人ではなくなった。

若い人の死は嫌なものだ。とりわけその未亡人と、まだ何もわからないで彼女の腕に絡みついている幼い子供を葬儀の場でみるのは辛いものがある。

焼香をすませた者たちの胸中たるや複雑だった。あの日の海の事件のことは、和鵜の妻にも報告してはいなかったが、我々は心配はしていたものの、手をこまねいていた、ということになる。

「あの日ひいた風邪がまだ治んなくって、ただでさえ花粉症だっていうのに。でもまあ、俺の場合は風邪で済んでよかったよ」

沈痛な面もちの山本の隣で、西村がそんなようなことをいっていた。

帰りの車で一緒になった高岡が、はばかるような口調でこういった。

「実は和鵜さんと山本さんなんですけど、お付き合いがあったとかいう噂があるんですが、本当なんでしょうかね」

その噂は聞いたことがあった。

「和鵜の自殺と、それが何か関係があるというのかい」

「いえ、そういうことではないんですが、直截は。不倫とか、そういう」

そういうことであると高岡の眼は訴えていた。

「山本さんですけど、今は西村さんとお付き合いされているらしいんです。和鵜さん、ふられたのでしょうかね」

さもそれが自殺の原因であるかのように高岡はいったが、和鵜がそんなことで自死するような男だとは思えなかった。

「まあ、今は、滅多なことはしゃべっちゃいけないよ」

「はい、承知しました」

確実にいえることはただ一つだとおもえた。和鵜の入水自殺と彼がみていた夢というのは関係があるということである。

問題は、では何故、彼があのような夢をみるようになったかということだ。あれは予知夢のようなものなのだろうか。それとも、あの夢のせいで彼は死んだのだろうか。

「うーん、それはたしかに面白い話だなあ」

知り合いの精神科医にその話をしてみると、興味を示しながらも、判断に苦しむといった受け答えをした。この医者にかかってもう十年になる。毎月一度カウンセリングを受け、既往症の鬱病の薬をもらって帰るのである。

「あなたの話を聞いた限りでは、何となく後催眠現象というやつを思い浮かべますね」

「コウサイミンゲンショウ、というと」

「催眠術の一種でね、その場では何も被験者には起こらないんですが、後になってから、何かのきっかけとなるものが、被験者の前に現れた時、被験者は突然、おのれの意志とは裏腹に、かけられた催眠術の指示どおりに動いてしまうという症例です。たとえば、ここで私があなたに催眠術をかけて、サイレンがなったら、あなたは空腹を感ずると、あなたの潜在意識にプリンティングしたとしましょう。そうすると、あなたはまったくそれを覚えていないにも関わらず、サイレンの音を聞いたら、何か食べたくなるんです」

「そうすると、あれですか、もし、人を殺せと命令されていたら、そうしてしまう可能性もあるのですか」

「さあ、そこナンですよ難しいのは。いくら後催眠を施しても、それが人の命に関わるような重大な場合、別の意識がストップをかけるはずなのです。ですから、後催眠での指示というのは、もっと単純、簡単な場合に限って実行されるようですね。あがり症、赤面症ですね、その治療とか」


事務的なものではあったが、司法解剖が施されたので、警察の事情聴取というものもあって、所轄の警察署に出頭すると、和鵜との関係やら今回の事件についての意見、感想、おもうところを述べさせられた。

反対に警察に質問したのだが、解剖の結果、和鵜の身体からはアルコールやドラッグの類は検出されなかったそうである。

遺書がなかったから自殺と断定するのは難しいが、発作的な行為であったのではなかったかと考えられると私服はぶっきらぼうに応えただけだ。

それにしても、問題が残る。私服のぶっきらぼうがいうには、あの付近は飛び込めるような崖などのない地形であり、被害者は砂浜からゆっくりと海に入ったらしい。その形跡もある。発作的に、わざわざ車を運転して海まで行くだろうか。ごもっともな私服の挙げた疑問である。

それに、その私服の経験からすると、入水自殺というのは必ずといっていいほど、実行前には履物を脱ぐのだそうである。和鶇は靴を履いたままであった。

他にも誰かに事情聴取しましたか、という質問に私服は応えて、西村や山本の名前を挙げた。この二人の名前が挙がって夢の話が出てこないところをみると、彼らはあの和鶇の夢のことを喋ってはいないようだ。話したところで一笑にふされるに違いない。

だから、その事はいわないでいた。

初七日が過ぎて、和鶇の未亡人と会った。腑に落ちない彼の死に仕事も滞りがちになったので、思い切って訪ねてみたのだ。

「仕事が終わって家にいても、部屋で音楽を聴いていました。寝る前にもイヤホンで音楽を聴いているので、私が、そこまでやらなくてもと、ひとこと心配していうと、これは眠るために聴いている音楽だというのです。もう二十四時間、仕事だらけの人でした。たぶん、あのひとの業界には多いのでしょうね」

亡き夫君の普段の生活ぶりを訊ねてみると、未亡人はそんなふうに不平だか不満を少しばかり交ぜて語った。ワーカホリックというやつか。仕事していないと安心できない障害だ。危ないな。自省をこめて未亡人に頷いた。

書斎をみせてもらうと、本の代わりにレコードとCDとカセットが棚に並んでいた。

「何か、悩んでいたり、妙だったりしたことはありませんか」

「妙、ひょっとしてノイローゼだったとおっしゃるんですか」

「いえ、いいや、そんな類ではなく、その、なんというか」

「わからないのです。自殺の原因になるようなことは、まったく思い当たらないのです。まさか、その、ノイローゼなんていまどきそんな」

「あの死は自殺ではないと思っているんです」

未亡人の、すがるような表情にそう応えた。自殺ではない。決してそうではない。漠然とはしているけれど確信めいたものがあった。何かあるのだ。あの夢の原因が何かあるに違いない。それが彼の死の正体に決まっている。それが証拠に、あの日みたではないか。彼がどんどんと海に入っていくところを。あれが自殺であるわけがない。

事務所にもどって応接のカウチに身体を沈めると、千切れた思考の断片を繋いでみようと努力してみた。

あの日のこと。夢の話。海。「こっちへ来い」と誘う声。夢、海、「こっちへ来い、ここへ入れ」という命令。後催眠。「仕事のせいじゃないだろうか」という和鶫の声。ワーカホリック。寝る時まで聴いていた音楽。夢、海、眠るための音楽。んっ

「眠るための音楽っていうのは何だ」

声に出して叫んだらしい。制作デスクの長谷くんが、驚いた顔でこっちをみた。

「長谷くん、すまないが、高岡を呼び寄せてくれないか。大至急だ」

バイト先の仕事を早引きして高岡が来た。すぐに高岡の運転する車で、和鶫の家に向かった。眠るために和鶫が聴いていた音楽というやつを聴いてみるべきだと思ったからだ。

「どうしたんですか」

アクセルを踏み込みながら高岡が訊いた。

「今日、和鶫の未亡人に会った。彼女がいうには、和鶫は眠る時にイヤホンで何か音楽を聴いていたらしい。高岡、お前、睡眠学習って知っているか」

「あ、はい。聞いたことあります。あれって効果あるのかな」

「例えば、和鶫が眠る前に聞いていたテープやCDというやつに、後催眠現象を生じさせるような細工がしてあったとしたら、どうだろう」

「え、それじゃあ、和鶫さんは毎晩あの海へ入れって命令を聞いて寝ていたのですか」

「わからん。推測だからな。しかし、そうすると、夢の話も辻褄が合う。和鶫が夢だと思っ

ていたのは、音の残像や重なりのようなものだったのかも知れない。よくいう倍音だ。だいたい、海のないところで育った人間が、毎晩、海の夢なんかみるかっていうんだ」

幸い、音源はすぐにみつかった。MDだった。古いタイプのプレーヤーが書斎にではなく寝室にあった。

早速、イヤホンを耳にねじこむと、そいつを聴いてみた。

波の音のようなものが聞こえる。それから、インド音楽だろうか、シタールらしい演奏が入っている。実際のシタールの音ではない。電子的に作り出した音のようだ。それにさらに幾つか楽器がかぶさってきて、α波音楽のようなものを醸し出している。なるほど、こいつを眠る前に聴いていたというのは頷ける。

「どうなんですか」

聴き終わってイヤホンを外すと、高岡が膝を乗り出して訊ねた。

「あの、何か、あるんでしょうか」

未亡人も怪訝そうに訊く。

「瞑想音楽とでもいうのかな。特にどうってことはない。ニューエイジ・ミュージックと称されている分野の音楽だと思いますが」

高岡が聴いてみたいといい出したので、イヤホンを渡した。

「市販のものじゃないいな」

ＭＤの表をみてみた。ラベルには何も書いていないようにみえたが、よくみると、小さく〔Ｙ〕と書かれていた。

「Ｙ、ワイか。イニシャルかな。タイトルかな。奥さん、このＭＤについて和鵜は何かいっていませんでしたか」

「山本さんからいただいたものだと申していたような気がします」

だからＹなのか。彼女が作曲したのだ。

高岡が眼を閉じて、耳を凝らしてもう一度ＭＤを聴いた。おそらく「海へ入れ」などというメッセージは聞こえないだろう。そんなダイレクトなものじゃないのだ。一種の倍音テクニックだ。音の中に音が隠されているのだ。さらにいうなら、サブリミナル効果の応用というやつが、このテープの音楽にはあるのかも知れない。それ以上は当方のような音の素人には判断出来そうにない。

何のために、どういう理由で山本がこういうＭＤを作ったのか、それはワカラナイ。和鵜が望んだものなのか、そうではないのか、それもワカラナイ。

ただ、このＭＤテープの音楽が和鵜の夢の原因であり、その夢が彼を死にいたらしめたのであるならば、その推論を実証するために出来ることはただ一つだ。

「奥さん、この音源はしばらくお借りしていいでしょうか」

和鵜の未亡人は申し出を承諾した。

それから数日、寝る前に必ずその音源を耳にしている。たぶん、推理に間違いがなければ、そのうち海の夢をみるようになるに違いない。

現住所不明

右の肘に青い痣ができていた。

朝、気がついた。

昨夜は稽古のアト、いつものように仲間と呑みに出て心地良い気分だったので、風呂に入るのが面倒になってそのまま寝てしまった。だから今朝は午前十時三十分にアラームで目が覚め、目覚めるとシャワーを浴びた。

アラームで目が覚めるのはめずらしいことだ。

妙に右手が痺れるような感じがするので、肘に触れてみると少し痛みがあった。みると青黒い内出血のあとがある。打撲かな。

二時間ばかりは店にいたが、泥酔するほどに飲んだわけではない。生ビールのジョッキを空けたアト三人でビール中ビン三本、二合徳利一提《ひとさげ》はけして多いとはいえないだろう。現に二日酔いの気分の悪さのようなものは殆どない。

私は青黒い部分を撫でてみた。

この痣はいつ出来たのだろう。昨日の昼間はこんなものはなかった。そうするとやっぱり昨夜、酒に酔って何処かにぶつけたのだろうか。私は首をひねった。痣の大きさからするとけっこうなぶつけ方をしたことになる。

まるで憶えがないのだ。

アルツハイマー症というやつは三十過ぎたら始まるという説があるが、もうそれがやってきたのだろうか。冗談じゃない、私は苦笑した。もの忘れが激しいのはいまに始まったわけではない。命に別状があるというものでもなし、放っておけば痛みも治まるだろう。顔ならまだしも、肘なのだから、と、適当に理由をこじつけて、さっさとコーヒーを済ませると事務所に出向いた。

十八のときから舞台関係の仕事をしている。プロデューサーになるときもあれば、演出家になるときもあるが本業は劇作家、戯曲のライターだ。幾つかの劇団に戯曲の書き下ろしをしてもいる。とはいえ仕事の多さのわりには経済的には豊かではナイ。安価だから。けれど仕事がナイよりましだ、という諦めがこの業界、この渡世だ。

郊外の家賃の安いマンションの一室に辿り着くと、例によって私の机には私宛の郵便物が積まれていた。

「今日はそれだけです」

私の秘書のような仕事を兼任してくれている制作デスクの長谷くんが、いつものように私にそういった。

彼以外に従業員はいない。従業員といっても、彼自身の賃金の世話をしているワケではナイ。こういう稼業は有限会社にしておかないと、公共団体との契約がうまくいかないし、申告する税金の問題もある。

彼は従業員ということにしてあるが、自分の仕事は自分で調達してくる。もちろん、こちらが忙しいときは、仕事をまわすこともある。共同経営ではないが、共同の事務所で似たような仕事をしている。彼は、あるときは私の会社の制作デスクになるが、あるときは、自分の仕事のプロデューサーやＣＭシナリオの作家にもなる。

昼前に出勤すると、まずそこで郵便物に目を通すのが業務の習慣になっている。

書籍販売のチラシから保険の勧誘、カード入会の勧め、これらの類は新聞紙に混ぜて廃品回収に出す。以前は机の下のゴミ箱に投げ捨てていたのだが、毎日のことなのでもったいなくなって、最近ではそうしている。

さまざまな団体の機関紙もまたそういう運命をたどる。寄付金のお願いは経理にまわして（このときの経理も長谷くんだ）検討するふりだけはして、〈さまざま〉に混ぜられる。もっとも処置に困るのが、自費出版らしい書籍と一読をという手紙のついた素人の原稿だ。

これは簡単に捨てるわけにもいかないし、かといって読むわけでもないから、本棚にとり合えず投げ込んでおいて、ほとぼりがさめた辺りで、やっぱり棄てることになる。

その日はそういった類の郵便は殆どなかった。やれやれと最後に手にした往復葉書は高校の同窓会名簿作成の調査だった。これも年末近くになると届くようだけれど、私は田舎の実家の住所をそのまま登録してあるので、データに訂正を入れることもなく、そのまま返信することにしている。

　返信はいつものごとくそうしたのだが、ふと気になる項目があった。

往信の宛名の下に次のような印刷があったのだ。

『あなたと同期、もしくは恩師で現住所不明の方々です。ご存知の方は裏面に記入してお知らせ下さい』

　これは去年もあったことだろうか。いや、今年から始めたのかも知れないな。私はそんなことを考えながら、その現住所不明の連中の氏名を目で追っていった。

井上浩一　　奥村雄三
河野則夫　　木村幸三
中島　正　　藤田　博
宮崎紀文　　安藤千尋
奥田佳子　　野田美穂
山田豊子

宮本耕吉（体育担当）

一通り読んだ限りでは誰一人として思い出せなかった。こんなのがいたかな。きっと別のクラスにいたのに違いない……。

しかし、脳というのはおかしなものだ。二度三度睨むようにして名前を観ていると、ああ、あいつだという記憶が次第に漠然とした像になってよみがえってきた。

井上浩一、たしか彼は一時間ばかりかけて電車通学をしていた輩だ。いくら試験勉強をしても成績があがらないので、私に相談をもちかけてきたことがあった。私は要領が良かったから、人の半分くらいの労力でいつも成績は中の上だった。それを大変羨ましいとこぼしていたあいつだ。

奥村雄三、なんだい雄三じゃないか。どうして思い出せなかったのだろう。彼とは小学校も中学校も同じだった。警官になったはずだけど、けっこう遠くに引越したとかいっていたからなあ。

河野則夫、これは英語だけが得意で、最近の同窓会の総会では、たしか英語の教師になっているという噂だったが。

こうやって最後の宮本耕吉以外を私の脳は全て思い出した。

思い出すと、今度は最初に添えられている文章が気になった。

『現住所不明の方々です』

これは行方不明というわけではないのだろうけど、なんとなく味の悪い表記である。つまり何処に住んでいるのか、まったくヤサグレになっているのかワカラナイということになる。まるで鬼籍に名を連ねているようじゃないか。あんまり気味のいいものではないな。私は懐かしさとともに、私の知らないところで運命というやつが取り引きされているような気がして妙な悪寒を覚えた。

彼等は、どうしてしまったのだろう。

もっとも多感であった高校時代に偶然隣り合わせた彼や彼女のことは、四十の半ばを過ぎたいまになっても気にかかることであるらしい。

「長谷くん、私の一月のいつもの休暇だけどね、そう、毎年まとめてとる休暇だ。あれ、来年はどれくらいあるんだろ」

長谷くんは私のスケジュール表を指でなぞりながら、

「来年は十日ほどありますよ」

と応えた。

「十日か、それだけあれば何とかなるか」

「何か、あるんですか」

「いや、来年の休暇はちょいと故郷へ帰るよ。連絡は入れるようにするから」

私はまったく気紛れに、この現住所不明の連中の〔現住所〕とやらを突き止めてみたいと考えたのである。


年が明けて、一年に一度だけとる長い休暇を探偵の仕事にあてた私は、例の葉書を手にしながら故郷に帰った。

「現住所不明か」

途上の列車の座席で、私は新聞配達をしていた小学生の頃に出会った不思議な人物のことを思った。

五十軒ばかりの配達の中で、一軒だけ英字新聞を講読している家があった。いや、あれは家とはいえない。あれは小屋だ。トタンとベニヤ板の小屋だった。そこに年令不詳、むさくるしい髭をのばした男が一人で住んでいたのだ。

その男が英字新聞を講読していた。

男の姿を私は何度か観たことがある。いったいこの小屋のような住居にはどんな人間が住んでいるのだろうか。ほんとに英字新聞など読むのだろうか。好奇心でいっぱいの年頃だった私は、木陰に隠れて、そっと男のことを覗いてみた。

男は新聞受けから新聞を抜き取ると、眼鏡を鼻腔まで下ろして、鼻を新聞紙に擦りつけるように近づけてそれを読んだ。

いわゆる世捨て人というやつなのだろうか。着ている衣服もツギアテだらけの粗末なもので、その男のそんな風体と英字新聞との組み合わせが実に奇妙で、私はその体験を不思議なこととしていまでも鮮明に記憶している。

「現住所不明か、さしずめ、あの男もその類だったに違いないな」

私は薄い記憶の中で、奇妙な確信を持った。

何の連絡もなく帰郷したので、母も父もえらく驚いた。私の身辺に何かあったのではないかという心配な表情すらしてみせた。

私はとりあえず、そういう不吉なことはないのだと親を安心させて、

「奥村雄三が、いま何処にいるのか、知ってるかな」

と、母親がありものでつくった手料理で簡単に食事を済まして聞いてみた。

「奥村さんというと、あの駄菓子屋をやってみえた奥村さんかい」

母が問いなおした。

そうだと答えた。

「それなら、あれじゃ、引っ越されて、いまは新田《しんでん》のニュータウンとかいうところじゃナ」

今度は父が答えた。

新田のニュータウンというのは、近隣の都市のベッドタウンとして、新田という名称の残る土地を開発して作られた人工の街である。

なんだ、遠くに行ったと聞いていたが、さほど遠くはない。私鉄電車の駅で三つばかりのところだ。

翌日、私はさっそくその新田ニュータウンとやらへ出向いた。

奥村の家は簡単に見つかった。ニュータウンを取り扱っている不動産業者にワケを話して居住者名簿を調べてもらい、奥村という名前が四軒ばかりあるのを聞き出すと、その四つに順番にあたっていって、二番目でみつけることができた。

しかも幸運なことに雄三は非番であった。

雄三が警察官になったことは知っていた。ノンキャリだから出世は駄目だというハガキを貰ったことがあったからだ。

「こいつらに憶えがあるかい」

懐古の言葉をおりまぜた社交辞令の挨拶などすませると、私は雄三に〈くだんの返信葉書〉を見せて訊いた。

彼は私がそうであったのと同様に、しばらくの間は首をひねっていたが、次第に明るい顔になって、

「うんうん、思い出した」

というや、今度は何が可笑しいのか突然笑い出した。そういえば、この雄三というやつは昔からよく笑う、いわゆるゲラだった。

「いやあ、何だか、こんなふうに書かれるとまるで俺が住所不定の指名手配みたいで、ははは、こりゃ可笑しいな」

「笑いごとじゃないよ。俺はちょっと心配したよ」

「それでこんな探偵みたいな真似をしとんのかい」

私は、ああそうだと答えた。

「その最後の宮本耕吉というのにも憶えはあるかい」

体育の担当と記されているからには、教師だったに違いない。

雄三は、ナイと答えた。

私もやはり思い出せなかった。

ゆっくりしていけよと引き止められたが、私は学校の方へも行ってみたかったので、その旨を告げ早々に暇を乞うた。

雄三は自分の名刺を私に手渡して
「学生課へ行くなら、これが俺の新住所だ。それから探偵の仕事の手助けになるかも知れんから、ちょっと待て」
名刺に何やら書きつけた。
名刺には巡査部長という肩書がすりこまれてあった。四十才半ばにしてそれが早い出世なのか、それとも順当なのか、警察の内情に詳しくない私にはわからないことであった。しかし、『この者に協力してやって下さい』という添え書きは役にたちそうだった。

私は卒業以来二十二年ぶりに母校の門をくぐった。学校は日本で最大の面積をもつ湖を見下ろすようにして、丘陵の中程に当時の面影をしのばせていた。

学校の裏にある森は景観特別指定区域という理由から、私が詰め襟で通っていた時とまったく同じ風景のまま残っていた。

この森はかなり深く、下手をすると道に迷ってしまいそうにもなるのだが、私はその森にもあとで行ってみようと思った。学生当時は授業をさぼってよくそこで昼寝をしたものだ。

校舎はもう放課後の喧噪の中にあったが、私は記憶の赴くままに、見覚えのある制服姿の連中を横目に廊下を進んだ。

事務室の中に『学生課同窓会名簿係』という札の下がった机をみつけると、私はそこを訪ねた。

私よりもはるかに若いと思える男の事務員が応対した。

第六期の卒業生であることと現在の職業を告げ、例の葉書をみせて、私は用件を切り出した。

「この奥村雄三については、いま訪ねてきたばかりですから、住所はわかります」

「ああ、そうですか。それはどうも御丁寧なことで恐縮いたします」

事務員は年に似合わず、物腰の低い丁重な態度だったので、私は安心した。こういう職種の人間は陰気で無礼な奴が多いという偏見が、あっというまに消え去った。たぶんここに勤めてまだ間がないのだろうが、礼儀もしっかりしていて屈託のないのが、私の気分を良くしていた。

「この葉書を発送されてから、住所の判明した者はいますか」

私は出された番茶をすすりながら、そう訊ねてみた。

「いえ、それが、ですね先生、なかなか難しいものですね。まったくなんです」

若い事務員は困ったという顔をしてみせた。

「この最後の宮本耕吉というのは、どのクラスの担任だったんですか」

事務員は眼鏡のつるを指で挟むようにして、薬書を睨んでいたが
「あ、これは担任のクラスはお持ちでナイですね。ここにあるように体育担当です。体育だけです。たしかこれは体育教諭ですよ。体育の教師だった人ですよ。ですから、担任ではナイですね。体育ですね。体育を教えていたのですね」

体育というコトバがうるさい程、耳でこだました。

「体育の教師といえば、たしか、谷塚だったと記憶していますが」

ほかの教員の名前は忘れても、私がその谷塚という体育の教師の名前だけを覚えていたのには理由がある。

「ええ、そうなんです。谷塚先生なんですが、養子に行かれて、宮本という姓になられたという次第なんです」

何だ、この宮本というのは鬼塚のことか。そうか、そういえばあいつ、宮本というふうに名前が変わったと、同窓会総会で誰かがいっていたな。総会には二度ばかりだけだが出席したことがあった。

当時私たち生徒は体育の教師である谷塚を鬼塚というニックネームで呼んでいた。これは単に流行の根性主義者であったからというわけではない。授業の放埒さといい、身嗜みの薄汚さといい、感情的な生徒への接し方といい、こういう教育者というのは百害あって一利な

しと、誰もがそう認識していた結果である。

私はその教師については、結局のところ成れの果ての類で、いわゆる典型的なデモシカ教員であるのだと軽蔑すらしていた。

あれは、二年生の夏の授業だった。私は風邪をひいて微熱があった。プールでの実技であったので、見学にしたいと申し出た。

「熱は何度ある」

鼻毛を抜きながら鬼塚は私に聞いた。

「微熱です」と答えた。

「そんなら泳げ。二十五メートルを素潜り出来たら許したる」

鬼塚はそういった。

許してやるとはいったい、私の何を許すというのだろうか。私は理不尽な彼の態度に身が震えたが、いいつけられた通りプールに入った。

素潜りの二十五メートルは微熱のある身体にはキツイ運動だった。授業時間の全部を費やして、何度も挑戦したが、けっきょく成功出来なかった。

その次の日から一週間、私は寝込んでしまい、肺炎に一歩手前の急性気管支炎と急性副鼻腔炎を併発し、二週間ほど寝たきりの自宅療養を余儀なくされた。その後、歩けるようになってからも三ヵ月にわたって身体の不調に苦しめられたのである。

私はいつか自分が、もし不治の病か何かを宣告されたら、この鬼塚だけはどうしても許してはやらないと心に決めていた。必ず、イチバン苦しむ方法であの世に送ってやると密かに誓ったものだ。

そうか、宮本というのはあの鬼塚か。いや、そうだったな。あいつは宮本という苗字になったと、うん、たしかにそういっていたな。

私は因縁の深いプールを窓から眺めた。

真冬のことゆえ、誰もそこを利用している者はいなかった。泳いでいるのは枯れ葉ばかりで、少し濁った緑の水に北風がさざなみをつくっていた。

私は事務員から鬼塚のわかっている最後の住所を訊くと、学校を離れた。

それから裏の森へ足を向けた。

冬だというのに、森はうっそうとしていた。入口の一部がそこだけ人工の芝生になっていて、そこは我々が生徒時代に昼寝に使ったところなのだが、そこからしばらく奥に歩くと、本格的な森林になっているのである。

その深い森に足を踏み入れるのはその日で三度目だ。

この森で自殺者があったとも聞いているし、心中騒ぎすらあったという。異常者の性犯罪めいたこともあったらしく、一時はこれを伐採して公園にするという案もあったらしい。しかし、鳥だか何かの貴重なコロニーがあるとかで、二十二年前とまったく同様、その森は隠然とした容貌を変えてはいなかった。

冬の冷たく鋭い日光を遮るのには充分な木立の重なりが、そこに侵入者を拒むテリトリーをつくっていた。植物にはまったく疎い私であるから、冬であるというのに旺盛な、その常緑樹木の名称が何であるのかわからなかったが、薄暗い木々が覆い被さる姿は、けして気味のよいものとはいえなかったし、混在した影は冬の日の冷たい酷な短さを物語っていた。

最初私たち生徒仲間が芝生での昼寝を一歩進めてこの森に入ったのは、二年生の秋だったと記憶している。道なき道を前進し、湧き水のあるところで売店で買った菓子パンを食べた。

私たちは三人組の悪童であったが、そのうちの一人が、その森の奥の古井戸に足を滑らせて、あやうく落ちそうになった。

草の中、板で蓋がしてあるだけの、それは地面と同じ高さにある深い穴であった。その蓋の板が半ば腐っていたのである。

仲間を引っ張りあげて、それから地面に這いつくばって井戸を覗いてみると、その井戸はけっこう深く、石を落とすと微かに水のはねる音がした。こんな所に落っこちたら誰にも発見されないままに白骨死体になってしまうぞと、私たちは冗談でいい合いながらも、仲間が無事だったことに胸を撫でおろした。

いったい何のための井戸なのだろう。二度目に来た時も、同じような腐った板が渡してあるだけの穴であったが、さすがに誰かが危険と判断したのか、いまでは大きなセメント板で蓋がしてあり、その板も部分的にコンクリートで固めてあり、井戸の穴らしきものとして観ることは出来なかった。

私はそのセメント板を抱えて押してみたが、ピクリとも動かなかった。下の深い穴の部分はもう埋められてしまっているのかも知れない。


東里町二丁目三番地の五。これが鬼塚、つまり宮本耕吉が、同窓会の名簿係への連絡を絶つ前まで住んでいた住所である。JRの各駅停車で二つめの駅を降りると、あとはバスで十分くらいの寂れた町だ。

次の日、とりあえず私はその住所へ行ってみた。

そこに家屋はあるにはあったが、宮本という表札はなかった。

古い町なので殆ど住民の移動がないとみえて、近所の人々に聞き込むと、けっこう多く情報が飛び込んできた。

「ああ宮本さんね。学校の、高校の先生をしていらした方ですわね。五年ばかり前まではここに住んでいらしたでしょうか。御両親と一緒のようでしたけど、何方もお亡くなりになったみたいですね」

「あれはね、嫁に逃げられたな。いつだったか知らんがナ、突然に嫁がおらんようになったな。親父さんとお袋さんが次々と逝ってしもうてな、それから間もなくのことやったなあ」

近所の主婦と年寄りは私にそう話した。

「奥さんとは正式に離婚されているわけですかね」

私は閑散とした木造の町役場の住民課で、そう訊ねてみた。私が同窓会の名簿を製作するために立ち働いているのだと理由を説明したら、奥村の添え書きのある名刺の効力もあってか、好意的に職員は応対してくれた。

「そうですね、四年前に正式に離婚されていますね。まあ、こんな小さな町ですから、私もよく知っておりますが、両親が亡くなられてから後うまくいかなかったようですね」

「その後、住民票の移動はありませんか」

「それが、ないのですな」

「そうすると、まるで行方不明じゃありませんか」

職員は黙って頷いた。

「その当時の奥さんだった人の、現住所は分かりますか」

私の質問に職員は当然といった顔で応えて、メモをくれた。

私は雄三にもらった名刺をあてにして、最寄りの所轄署へ出向いた。

雄三とは部署の違うところであったが、名刺をみせると、制服の婦人警官が快く私の申し出を受け入れてくれた。

「この巡査部長というのは階級としては、偉いんですか」

私はついでだからと、訊ねてみた。

「巡査の上が巡査長で、その上がこの巡査部長ということになりますね。関西方面で放映していますテレビのドラマで『部長刑事』という刑事ものがありましたよね」

「ああ、子供の頃、よく見ました」

「あれの部長というのが、この巡査部長ですよ」

何だかややこしいが、まあ、私と同輩で巡査部長クラスというのは、順当であるのだろうと判断した。

「実は、ここ五年ばかりの失踪なり行方不明の捜査願いなりの記録があれば、差支えない程度でよろしいですので、拝見したいのですが」

「どういった方をお捜しですか」

「宮本耕吉という、元高校教諭です。私は生徒時代に体育を教えてもらっていたのですが」

「年齢は」

そんなふうに情報をしぼりこんで、古い記録を探ってもらったが、鬼塚に関することはふいに途切れるようにして何一つ残されていなかった。

次に私は、鬼塚の元妻であった女性を訪ねることにした。


町役場でもらった住所は県外のものであった。それでも在来線でさほど遠くではない。私はそこに出向くことにした。休暇の三日めである。

鬼塚の元妻はそこに住んではいなかった。そこは開発途上用地になっておりすでに旧家屋の類はなく、マンションが乱立していた。これは困った。聞き込みのしようがないのである。

私は一時途方に暮れたが、ともかく市役所の住民課を訪ね、やっとそれらしい女性を突き止めた。普段は転入やら転出の手続きの面倒さを口にしている私たちであるが、そういうことはやっておくべきだなと思った。もっとも逆にこの社会から消えようとするならば、それはそれで難しいことでもないなとも感じたが。

突き止めた住所は遠かった。今度はＪＲではなく、急ぐには空路をとらねばならない。ええい、全て経費だ、取材費用だと云い聞かせて、私は四国へ飛んだ。

明治の文豪の小説で名高い温泉町のとある旅館で、仲居さんをしている彼女と巡り合ったのは、休暇も四日めのことだ。

彼女は年令のわりには老けてみえたが、喋るコトバには、まだ溌剌さがあった。

いまはもう再婚していること、離婚してから宮本の暮らしについては何ひとつ知らないこと。聞き出せたのはそれくらいで、結婚する前の鬼塚の住所を教えてもらうと、これ以上はもう仕方がないと、私はその温泉の露天風呂でほんとうの骨休めをすることにした。

ぬるい湯だった。骨休めか。湯で骨なんかが休まるものだろうか。私の記憶はあの微熱のプールに飛んだ。私はゆっくりと湯にカラダを沈めていった。頭の先まで沈んだとき、眼を見開いた。炭酸泉なのか湯は眼に染みた。すぐに眼を閉じて薄く開くと、空の碧い色が微かにみえた。


のんびりと二日ばかりそこに滞在して、私はまた故郷にもどってきた。鬼塚の元奥さんから聞いた養子に来る前の住所にもついでに行ってみたが、そこも両親は他界していて、親戚縁者の類と思しき人々にも会ってみたが、鬼塚が舞い戻ったような形跡はなかった。

これまでかなと探偵は〔捜査〕を打ち切ることにした。

それから雄三の管轄署へ顔を出した。捜査の報告かたがた、名刺が役にたったことのお礼を述べたかったのである。

「部下にね、あの葉書の連中の去就を少し調べさせたが、半分くらいしかわからなかったな」

昼飯を一緒に食べながら、奥村巡査部長がそういった。

「半分かい」

「ああ、しかし、まあ半分判明したってのは、まだいいほうさ。こういう行方知れずというのは、けっこうあるんだ。中には犯罪に関係しているケースもあるんだがね」

日本の年間行方不明者は警察に行方不明者届が出された者の数だけでも七万から十万人近くにのぼると、奥村巡査部長は爪楊枝を使いながら苦笑した。

「暴力団なんかがドラム缶にコンクリート詰めして、近隣の港に沈めるというのはほんとうにあることなのかい」

「あるね。何しろ、死体が出てこない限りは犯罪として立証できないものだから、とにかく犯人は死体を隠すし、たいていは発見できるんだが、行方不明で終わるケースも、けっこう多いよ」

海外旅行などで試着室に入ったまま行方をくらませたという、拉致もどきの事件も多いらしい。

「女房でも愛人でも、とにかく、香港あたりは気をつけたほうがいいな。日本は世界で一番治安がいいんだから。何処もそうだと思うとひどい目にあうぞ」

その日本でも、その後、北朝鮮の拉致事件がほんとうのことであったことが判明して、てんやわんやの騒ぎとなるのだが。

そんなことになるとはまさかおもってはいなかったろう、巡査部長は鍋の残留物を爪楊枝で突つきながらいうのだった。

「だいたい、ある時野党の第一党だったところの女委員長だかが、北朝鮮による拉致は都市伝説に過ぎないと国会で啖呵キッテみせているのだからな。まあ、彼女たち、そう、幹部の連中はみな在日だったから、そんな誘拐もどきを認められるワケがナイんだけどネ」

私は鬼塚の捜査に関して、つくづく無駄足であったことを述べた。

「そうか、まあそんなところだろうね。あいつは昔から、皆の間ではろくな死に方はしないなんていわれていたからな。自業自得さ」

「死んだと決まったわけじゃないだろ」

「ああ、そうだったな。いや、はっはっは」

快活に雄三が笑った。まったく鬼塚の行方など、ほんとうにどうでもいいことである。何処かで野垂れ死にしていてくれれば、万々歳といったところだ、とそんなふうに話は終わった。

「なあ、雄三」

「おう」

食後のコーヒーを近隣の喫茶店ですすりながら、私が妙に真剣な顔つきで切り出したので、雄三は目を丸めた。

「どうしたんだ」

私は煙草の煙を大きく吐いてから、少し思案している間をとって、

「いや、何でもないさ」と、いまいいかけた事柄を自分の心の中に仕舞いこんだ。

「クラス会というのをやってみたいね」

それから私は別のことを口にした。

「ああ、そうだな」

「お前、近くにいるんだから、幹事をやれよ」

私は雄三を促した。

「俺は忙しくて駄目さ」

「しかし、巡査部長殿、現住所不明の輩を調べるのは、やはり俺のような素人よりもそっちのほうが上手いじゃないか。現に、俺が一人に手を焼いている間に、五人ばかり突き止めたんだろ」

「まあ、蛇《じゃ》のみちは何とかさ」

　それから私は例の学校の裏の森の、あの井戸の話をした。実はあの井戸に落ちそうになった男というのはこの奥村雄三なのである。

「ああ、あの石の蓋か。あれは県の土木課に投書があって、こっちにも一応連絡がきたんだ。いや、俺の古傷でもあるし、さっそく、セメントで蓋をさせたんだ」

　そうか。それならなおよろしい。

　あの井戸の中に鬼塚、宮本耕吉の死体が沈んでいるとは、もはや誰一人として知らないことなのだ。死体を警察が隠してしまったのだからな。私は腹の中で密かに笑った。鬼塚、宮本耕吉は薄目を開いて井戸の底から闇をみつめたままだろう。

　私のこの度の探偵旅行の目的は完全に達せられた。鬼塚こと旧姓谷塚、宮本耕吉は完璧にこの世から姿を消している。永遠の現住所不明者になってしまっている。

　役所も警察も親戚縁者も、元妻も、宮本耕吉の行方についてはまったく知らない。

　井戸の水は冷たかろうが、あの夏のあのプールの中、震えながら泳いだ私の苦しみに比べればたいしたことはない。

　計画的な犯罪でも何でもない。三年前、ばったり出会ったのが、鬼塚の運が尽きるところというやつだったにチガイナイ。私は彼を充分に接待してやったし、あいつが、

「呑め、この酒を一気に飲んだら、ユルシテヤル」などといわなかったら、そのまま別れたろうに。

「気になっていたのですが、先生の、その〈ゆるす〉というのは何か意味があるのですか」

そう、私は訊ねた。

「正しきは悪をゆるす。決まっているじゃナイか。どうして、そんなことを訊くのだね」

「私もむかし、先生にいわれたことがあるのです」

「ほう、そうか。きみは、悪人か」

「いいえ、悪人じゃアリマセン。なんなら、試してみますか」

「どうやって」

「方法がナイこともないんですが」

オモシロイ方法を私は提案したが。ウソのように酔漢はのってきた。

休暇も終わったかな。そんな具合で事務所にもどってきてみると、郵便物が山のように溜まっていた。

「お早いお帰りですね。まだ休暇は一日残っていますよ」

長谷が私にそういった。

「いやあ、もう用事はすべて済んだから明日からまた仕事するよ」

私は郵便物を吟味しながらそう答えた。

久し振りに帰った故郷の話などしようとしたら、電話のベルが鳴った。私に電話らしい。誰からだと訊ねると、奥村さんという男性だという。私は手元の受話器を取った。

「何だ、雄三かどうしたんだ。さっそくクラス会のプランでも出来たか」

「いや、そうじゃないよ。宮本耕吉がみつかったんだ」

「へーえ、鬼塚がかい」

「それが一昨日無銭飲食をした男があってね、そいつを捕まえて調べてみると、どうも宮本らしいんだなあ。落ちぶれたものだな。らしいだけだがナ」

雄三の話をうわのそらで聞きながら、私はまだ右手が痺れているような気がした。シャツをまくりあげると青い痣が消えずに残っていた。

この痣、何にぶつけたんだろう。私は記憶を探ってみたが、やはりまったく思い出せなかった。

不可解な事件

1

三月、寒暖未だ不安定なこの時期になると毎年面倒な仕事が二つ舞い込んでくる。一つは公共メディア放送局のラジオシナリオコンクールの審査、もう一つは市の文化振興課が募集している戯曲の選考である。

ラジオのシナリオは応募が二百本をこえる。二百本は読めない。だから、局のディレクターのあいだで一次審査があり、十本くらいにしぼられたものから、入選と佳作を三本ばかり選考すればよいのだが、そうはいっても、一本はおよそ四百字詰めの原稿用紙に換算して五十枚、これを全て読むのだから、五百枚の長編小説を読んでいる量になる。

戯曲審査のほうは始まった当初一次審査というやつがなく、応募原稿をすべて読んでいたから、これはもう二千五百枚くらいの大長編を読む労力が必要だった。

あと二人の選考委員のほうからも、さすがにこれは辛いとみえて一次審査が設定され、これで十本前後にしぼられたものを読むことになり、労力は半減したが、鬱陶しいことに違いはない。

ラジオ・シナリオはレベルが高く、読んでいても、ほほうと唸るような作品があってまだ救われるのだが、戯曲のほうはというとこれが全般に下手なのだ。そのうえ自分では上手く書いているつもりになっている様子が、ありありと原稿の字面からたちのぼってくるものだから、ただ「愚かなる人には頭を垂れよ」という心境に到らざるを得ない。中には自筆の拙さを〈子ども向け〉という断り書きを一筆入れることによって誤魔化そうなどという輩がいるから、たまったものではナイ。

普段も他人の戯曲などは面倒くさくて読まないほうなのだから、これは苦行で、つまりは食べたくもない料理を、なおかつ腹いっぱいになりながらも無理やり食わされているようなものである。

何故そんなものを引き受けているのかというと、やはり一縷の望みのようなものがあって、ひょっとすると新しい才能の発掘なんてことをやれるのではないかと思っているからで、そういう作品に出会うと、ああ、いままでの苦行はこの作品に巡り合うためのものであったかなどと、胸を撫でる。

最近、事情があって事務所を引越したのだけれど、その新しい事務所に、まるで追い掛けてきたみたいに応募原稿がドカッと届いた。

その郵便物をみて、苦虫を噛みはしないが、しゃぶっている程度の顔つきにはなっていただろう。そんな折である、ひとりの神経質そうな青年が、私を訪ねてやって来たのは。

彼は長くのばした前髪を左手でかきあげると、開口一番こういったのである。

「それが、実に不可解な出来事なんです」

2

コートをたたんで膝にのせ、出されたお茶にちょっと口をつけると、その青年は背広の内ポケットからカセット・レコーダーを出して、応接の机の上に置いた。

「実は、僕はこの運河の向こうにみえるアパートに住んでいるもので、旅行代理店の仕事をしております。今日、お伺いしたのは、僕は先生のファンで、先生の舞台はたいてい拝見しているのですが、僕のアパートで起こった事件について、先生の御意見をお伺いしたいと、そういうことなんです」

そういうこと、といわれても、どういうことなのか、いささかよくわからなかったので、私は次のように述べた。

「事件について意見を延べよといわれても、私は探偵ではありませんよ。私は劇作家です。あなたが思っていらっしゃるほど、分析能力も推理能力もありません。まあ、それはそうとして、聴くくらいは出来るでしょう。いったい事件というのが何なのか、ともかく順序だてて話してみてください」

普段なら急な来客に会ったりはしない。ただその日は先に述べたように、鬱陶しい小包が机の上にあり、その仕事から一時でも逃れたかっただけなのだ。

「はい、おっしゃるとおりだと思います。えーと、この窓からみえるかな」

青年は立ち上がって、窓越しに外を観た。で、何かみつけたようだ。

「ああ、みえます。あれです。僕はあのアパートに住んでいるのです」

窓の外は運河である。一級河川に匹敵する広い運河だ。この上流だか下流に木場と称される貯木場があると聞いている。

青年の住まいのアパートらしきものは、その運河をはさんで向こうの岸に小さくみえた。もうずいぶん古い建物であることが遠目にもよくわかった。

「おわかりいただけるかどうか、あのアパートの屋根はトタン葺きなんです。もうすっかり錆びてしまって赤茶けています。ことの発端というのはあの屋根から、ある女性が転落死したということなのですが、去年のことです」

彼はそういうと腰を下ろして、またお茶を少し舐めた。

「あの屋根には物干し台があって、そこから屋根の上にも出入りできるのですが、夏なんかはみんな夕涼みにというか夜になってもそこへやってくるくらいです。花火なんかもそこで観たりします」

「転落して死んだ女性というのも、そのアパートの住人だったんですか」

別に、聞きたいワケではなかったが、話を先に進めたくて私は彼にそう訊ねた。

「ええ、もちろんそうです。夫婦で住んでいらしたんです。いまでも御主人の方は住んでいらっしゃいます。亡くなった奥さんは三十前後のまだ若い方です。御主人の仕事が個人輸入の仕事とかでそれを手伝っていらしたようです」

「その死因が不可解だというのですか」

せっかちに思われたかも知れないが、早く話の核心というやつを聞きたくて、そういった。何だかその青年の口調は勿体ぶっているきらいがあって、焦れったかったのである。

「いいえ、死因はただの全身打撲によるショック死です。まあ、あんな屋根から落ちたのですから、当然です」

「じゃあ、不可解というのは、何なのです」

「ええ、それが、一応警察も来て、結局事故ということで、その件は落着したのですが、それが、最近になってですね、彼女、落ちたその彼女ですが、彼女のことを突き落としたという人間が現れたのです」

「それなら、君、それは刑事事件だから、僕のところへ来るのはお門違いだよ」

「不可解というのは、ここから先なんです」

彼はカセット・レコーダーにテープをセットした。

「聞いていただきたいのは、彼女が突き落とされる現場を目撃したという、証言です。目撃者は女性ですが、やはりあのアパートの住人です」

私はちょっと困った。いったいこの青年は私に何をしろというのだろう。

「それを、私に聞かせて、どうしろというのですか」

だから、そう訊ねてみた。

「ええ、ですから、御意見をうかがいたいのです。別に事件を解決してくれなんて、そんなふうには申していません。ただ、その、いくつかの証言を聞いていただいて、この不可解な出来事に対しての意見がいただきたいのです」

こういうのも乗りかかった船というのだろうか。泥船かも知れないが、しょうがないや、私は諦めると、その証言とやらを聞いてみることにした。

「あの、最初に申し上げておきます」

機器を操作しながら、彼は少々唇を突き出して、そういった。

「不可解という、のはですね、この女性をはじめとして、アパートの住人の殆どが、彼女を屋根から突き落としたのは自分だと告白しているところなんです」

3

「ん、それはたしかに奇妙ですね」

その不可解な事件というのに少しだけ、私は好奇心をそそられた。

証言は、けして録音状態のよいものではなかった。口籠もっているのか、マイクが悪いのか、聞き取りにくいところが何か所もあった。

〔私は二階の三号に住んでおります（聞き取り不能）……だと思い、……いうのですが、私は猫がよくその物干し台でウンチをするので、その日も猫が飛び出していきましたから、これはてっきり粗相をするに違いないと思いまして、猫の後を追って物干し台に行ったのでございます。そうしますと、洗濯物が置いてありまして、屋根の上には葉子さんと智美さんとが、立っておられまして、葉子さんが驚いた顔で智美さんをごらんになっていたのです。私、これは様子が変だと思いまして、咄嗟に物干し台の出入口の物陰に隠れましたところ、智美さんが葉子さんの腕をつかんで、それから二人は揉み合いになりました。そうして、あっという間に葉子さんが、落ちたのです。……（聞き取り不能）……というのも、智美さんは神田さんのことが好きであるというのは、皆さんの噂で、しかし、智美さんのおなかには御主人とのあいだの赤ん坊までいるのですから、これは妊婦にみられる何か神経の病気ではないかという、そういうことをいう人もおりました……（聞き取り不能）……ですから、葉子さんと神田さんの噂を智美さんは苦にして、らした、のじゃないかと、そう思うのです。逆上された、のじゃないかと、そう思うのです」（以下略）

スイッチを止めて、彼は補足説明を加えた。

「この方は三沢さんとおっしゃる五十才の独身女性です」

「三沢さん。独身の女性。葉子さんというのは」

「お聞きのとおり、屋根から落ちた女性です。正確には遠山葉子さんです。それから智美さんというのは、このアパートの大家さんの息子さんの嫁さんで、一階に家族で住んでいます」

これは整理しながら聞かないとこっちの頭が不可解になってきそうだ。私はメモをとることにした。

「三沢さんは独身で五十才、アパートの住人。葉子さんが遠山葉子さんで、被害者。智美さんというのが、アパートの大家さんの息子さんの奥さん。そのアパートの一階に住んでらっしゃるんですね」

「そうです。で、三沢さんがいうには、この智美さんと葉子さんと、それから同じく住人の神田という男に三角関係があったのではないかというわけです」

「そうそう、神田という男性が出てきましたね。その方もアパートの住人。この方は独身ですか」

「そうです。独身です」

「葉子さんと智美さん、夫のある女性が二人して、その神田さんと三角関係になっているという噂があるんですね」

「そうです。それは、けっこう噂にもなっていましたから、たいていの者は知っております。ところで、この三沢さんなのですが、こういうふうに智美さんが葉子さんを突き落としたといっておきながら、後で、証言を変えるのです」

　彼はまたスイッチを入れた。その三沢とかいう、さっきの女性の声が、また聞こえてきた。

「ほんというと、私がそれを観たというのは嘘です。智美さんと葉子さんは何か話されていたようですが、智美さんはすぐに帰ってしまわれたのです。その後で、私は葉子さんを屋根から突き落としました。理由は、お恥ずかしいかぎりなのですが私も神田さんのことを好きであったということです。葉子さんは遠山さんというステキな旦那さんがありながら、神田さんとお付き合いなさるなんて、私は、そのことだけでも、許しておけないと思っておりました。ですから私は……」（以下略）

「このとおりです」

「神田さんというのはえらくモテるひとなのですね。その三沢さんも神田さんのことが好きだったと」

「ええ、そういうことです。次はその大家さんの息子さんの嫁の智美さんの証言なのですが、こう話されています」

〔私は……何度も……部屋へ、行きました。神田さんのです。最初誘ったのは神田さん、です。ほんとは、私は、夫のことを、あまり、ええ、ですから、でも、子供もいることだし、そうしたら、葉子さんとのこと、聞いて、確かめて、聞いたら、そうだというから、ひどいと思って、神田さんより、その葉子さん、ひどいんじゃないかと、だって、私と神田さんとのこと知っててそれで、カッとなって気がついたら、やって、やってたんです」

智美というのは二十八才の女性だと彼は説明した。どことい って取り柄のない、美貌というわけでもなく、かといって個性的でもなく、可愛くもないと付け足した。

「なるほど。それで、その被害者の葉子さんというのはどんな女性だったんです」

私は訊ねた。

「世話女房型のまあ、人並みの美人でしたが、これが、自殺未遂歴が二度あるんですが、どうも神経を病んでらしたようで、大学時代に発作的にそういうことをされたようです。ですから、今度の件も彼女の自殺ではないかと、疑っている者もいるにはいます」

「自殺を裏付けるような痕跡が何かあるのですか」

人間関係どころか、キャラクターそのものがややこしくなりそうだったので、メモの葉子という名前の傍に自殺未遂二回と書き添えると、くるっと○をつけた。

「遺書のようなものはないんです。しかし、自殺とするなら、やはり、噂が原因じゃないかと思うのですが、そのことについて悩んでられたということです。御主人の遠山さんは穏和な方なんですが、最近はちょいちょい、夫婦喧嘩の声も聞かれたということです」

「それで、御主人である、その遠山さんという方は何と」

「ええ、突き落としたのは自分だとおっしゃっています。お聞きになりますか」

「いや、もういいです」

私は録音状態の悪いカセットの声を長々と聞かされることに、少々嫌気をもよおしていた。

それで適当に何か意見なりコメントをいって、お終いにしようかと思った。

「こう、おっしゃっているのです」

彼は私が遠慮した言葉を聞いていなかったのか、またテープを回した。

〈遠山です。葉子を殺してしまいました。ずいぶん馬鹿なことをしたと思っています。神田との噂がほんとうだったので、ショックだったのです。やっと事業のほうもうまくいきだしたのに。まあ、去年一年は仕事にかかりきりで、あいつのことを放っておいたのがいけなかったのです」

この遠山という男はずいぶんな理屈屋らしく、それから長々と恋愛論のようなことをしゃべっていた。結論として学生結婚は駄目だと述べたのには苦笑した。

「これで、終わりですか」

もう終わりましょうという意味を含めたつもりで、私は彼にそういった。

「いいえ、大家の息子さんの春日さんの告白もあるのです。やっぱり、葉子さんを落としたのは自分であるといっています。この方は、妻の智美さんがヒステリーを起こすさいに、えーとですね、智美さんというのはかなりひどいヒステリーの持ち主だったらしいんですが、そのときにいつも葉子さんのことをいうので、つまりヒスの原因が葉子さんであるので、それで葉子さんを殺しさえすれば、智美さんのヒステリーも治まるのではないかと考えたようです。智美さんが身重だったので、おなかの子供を気づかって致し方なくやったと供述しています」

テープを聞いてみると、なるほどそのとおりだった。声を聞いているだけで、うだつのあがらない男の顔がイメージできた。これでは智美という女が神田という男に走るのも無理はないなどと思えた。

「ところで、その話の中心にいるらしい神田とかいう男はどういっているのです」

私はメモの神田に◯をつけた。

「神田ですか。それは、僕なんです」

彼はそういって頭をかいた。

4

メモに記された神田という名前に○をつけたところで、私のシャープペンは二ミリばかり折れてしまった。もちろん、青年の唐突な発言に驚いたからである。

「僕が、神田なんです。それで、こんなことをいっても、信じてもらえないと思うんですが、実は、葉子さんとも智美さんとも、何のやましい関係はないのです。それらはすべて、根も葉もない噂なのです。たしかに葉子さんとは映画を一度ご一緒したことはあるのですが、それ以上のことは何もないのです。それから智美さんのほうなんですが、僕は彼女についてはまったくの恋愛妄想者だと思っています。かってに彼女のほうで僕との恋愛関係を妄想しているだけなんです。もっとも、妹にいわせると、これは僕の妹なんですが、一緒に住んでいるワケではありません。その妹にいわせると、僕という人間は嘘つきの女たらしだそうです。妹は同じ町内のアパートに住んでいますから、もし妹の証言をお聞きになることでもあれば、妹はそういうに違いありません。で、葉子さんを落としたのも僕だというでしょう。しかし、実は僕は一番その妹を疑っているのです。何故かといえば、実は妹は遠山さんとどうやら関係があるらしいからです」

私はメモのペンを止めた。

「何だかてんこ盛りのややこしさですね。あなた、つまり神田さんの妹さんは、葉子さんの夫である遠山さんとお付き合いなさっている節があるのですね」

私は彼のいう『不可解な事件』というのが、けして不可解なのではなく、極めて錯綜しているだけで、まるでそういうシチュエーションを作っては当人だけが悦に入っている素人のミステリ小説を想像した。シンプルなものが好きな私には、ひじょうに鬱陶しい事件であることには違いなかった。

「実は、」

また彼は「実は」といった。「実は」の連発である。

「実は、今夜僕たちはある集会をもちます。アパートの僕の部屋に関係者を集めて、降霊会を開こうと思っているのです」

「降霊会」

「ええ、ある有名な霊媒に来てもらって、葉子さんの霊を呼び出してもらい、実際のところ、真実が何であるのか聞こうと思うのです。そこで先生にお願いというのは他でもありません。先生にその立会人になっていただければと、そう思っているのです」

これはテキヤの口舌《タンカ》のやり口と同じじゃないか。蛇を鳴かせるといったりハブをみせると

最初いっておきながら、結局は傷薬を買わせる、あの詐術だ。そう思ったので、

「きみ、君は、最初はこの事件に関しての、僕の意見が聞きたいといっていたんじゃないのか。僕は、そんなお願いなんかされる覚えはないよ」

「ええ、それはもうよくわかっているんです。しかし、当事者だけが集まっても埒があかないと思うんです。やはり誰か第三者がそこに存在しないと、結局、客観的な真実というのはわからないと思うのです」

もちろん、それはそのとおりだが、青年から視線を逸らした私の目に、郵便小包がふんぞりかえっている姿がみえた。今夜はあの原稿で頭が痛い思いをするのかと思うと、降霊会でも何でも行ってやるかと、少々自棄《やけ》気味な考えに、傾《かたむ》いた。

渋々ではあるが、承諾するという旨を伝えると、彼はお茶をぐいっと飲み干して、では今夕六時にお迎えに参上いたしますという言葉を残して、去った。

5

冬のことを思えば、ゆっくりとではあるが日は長くなっている。六時だというのに西の空が夕焼けで赤く染まっているのがみえた。サンドイッチと牛乳で軽く食事をとっていると、神田青年が姿を現した。

運河を挟んで目と鼻の先に目的地のアパートはあるのだが、まさか船で運河を横断するわけにもいかない。私は彼の運転する車の助手席に収まって、運河沿いに大きな弧を描くかたちでそのアパートに向かった。

目的地についた頃には日はほとんど落ちていて、周囲は黄昏に包まれていた。ちょうど空は紫になり、街が影絵となる時間である。

「もうすぐ、このアパートも取り壊しになるそうです」

玄関に立ってアパートの傾いた塀などをみている私に彼はそういった。

「僕の部屋は二階ですから」

何の匂いだろうか。鼻をつく臭気がした。黴だろうか、埃だろうか。廊下には三十ワットの小さい裸電球が一つぶら下がっているだけで、突き当たりは闇が溜まっている。それにしてもこんな所に人が住んでいるのだろうか。階段の手すりも埃がつもっているような気がした。

「ここです」

案内されて彼の部屋に入ると、関係者はもうみんなそろっていた。六畳ばかりの部屋だから、人口密度はずいぶん大きい。たぶん真っ黒な衣服を身にまとっているのが霊媒だろう。目を閉じて数珠のようなものを手にしている。胡散臭さに思わず薄笑いしてしまうところを、招待されてきた者の威厳を保って、私は一礼した。

神田青年は私を紹介した。みな、お通夜の客のように陰気な顔で私に会釈した。お茶が出されたが、別に談笑する者もなく、仕方無く私は黙って茶をすすった。妙な味のするお茶だと思ったが、喋ることもないので全部飲んでしまった。

蝋燭が何本か灯されて、いよいよ降霊会が始まった。私はこういう類のものをまったく信用していないから、多少居心地が悪かったが、霊媒がこの不可解な事件、複雑な人間関係に対して、どんな口述をたれるのか、興味はあった。

セレモニーの呪文らしきものがあって、それが終わると霊媒はカクンと頭を垂れ、それからゆっくり顔を上げた。

「葉子さんですか」

神田青年が霊媒に聞いた。

「……そうよ。私を呼んだのは誰」

霊媒が若づくりの声色でそう応えた。

私は唇を歪めて笑うのを堪えていたはずである。『不可解な事件』が茶番劇に一変したような気がしたからである。

「みんな集まっています。ここではっきりと教えてくれませんか。葉子さん、あなたを屋根から突き落として殺したのは誰なのですか。それともあれは自殺ですか、事故ですか」

神田青年の問い掛けに、霊媒は苦しそうな芝居をしてみせた。癲癇の症状みたいな演技である。それから、息を荒げて人指し指をたてた。

「私を殺したのは」

「やっぱり、殺されたのですね」

「そうよ、私は突き落とされたのよ」

「誰がやったのです」

「それは、」

霊媒は、集まった面々をそれぞれ睨みつけながら視線を一巡させると、

「この人です」

私を指差した。
なるほど、こういう趣向か。

6

私は立ち上がろうとしたが、ふいに二日酔いのような気持ちの悪さと眩暈に襲われて、その場に手をついた。額に手をやると冷汗が出ている。集まっている者たちが訝しげに私を観ているのがわかった。

「どういうつもりなんだ」

と、いおうとしたのだが、呂律が回らない。私は意識が朦朧とするのを感じた。

ふっと意識がもどると、私はそのアパートのトタン屋根らしいところにいた。私を支えて立たせている者が誰であるのか、私にはわからない。ただ、私にみえたのはトタン屋根に佇んでいる女性である。あの降霊会の席ではみかけなかった若い女性だ。

耳元に「葉子さんです」と囁く声がした。

「葉子。……落ちた本人のおでましかい」

痺れている舌を懸命に回しながら、私はそういった。それから、その葉子が私の方に近づいてきて、私はまた意識を失った。

7

意識を取り戻したのは、事務所のソファーの上だった。夜は明けていて空のよく晴れているのが窓からみえた。時計をみると九時を少し回ったところだ。

あのお茶に何かオピオイド系統のとても強いクスリを入れられたに違いないと考えた。後遺症なのか頭の芯が痛かった。まだ神経が興奮しているのか、指先が冷たく、小刻みに震えていた。これはいけない。貧血を起こしてしまう。私は急いで湯を沸かしてコーヒーを飲んだ。それでようやく、少し気分が落ち着いた。

さて、私は一つの推論を組み立てると、表通りに出て車をひろった。

昨夜のアパートに着くと、思った通り、アパートの入口はベニヤでふさがれていて住人のいる気配はなかった。それを確かめると、また事務所にUターンである。

郵便小包をほどいて、応募原稿を引っ張りだした。それから、添付してあるあらすじに一通り目をとおして、捜しているものがないことを確認すると、原稿を送ってきた文化振興課の事務局に電話をした。ラジオ・シナリオのほうではない。たぶん、答えは応募戯曲原稿のほうにあるに違いないのだ。

昨日の出来事、最初から漠然と引っ掛かっていた、ある思い。それが何であったか、やっと私にはハッキリした。

電話の向こうに受付の女性が出た。

「もしもし、水野さんは来ているかな」

「はい、いま、代わります」

水野というのは事務局で戯曲の一次審査を担当した男である。

「はい、水野です」

「もしもし、……ですが」

「ああ、先生ですか、めずらしいですね、朝早くに何でしょう」

「たまにはそういうこともあるさ。ところで、用件というのは、今度の戯曲選考の一次審査のことについて聞きたいんだ」

「はい、どういったことでしょう」

「応募戯曲の中に、妙な原稿はなかったかい」

「妙な応募原稿ですか。そうですねえ、ちょっとお待ち下さい」

水野は他の担当者と相談しているようだった。

「ああ、ありました。いま内藤くんに聞いてみたのですが、変なのが一つあったのを思い出しました。ペラ一枚の原稿です。もちろん一次選考で落としましたが、それがですね、四百字ばかりのもので、実験劇、乞御期待、〇月〇日、これを私は応募戯曲とする。とありまして、宣伝文句のようなものだけが書かれてあったのが、一つありました」

「応募者の名前は神田浩樹だな」

「ああ、そのような名前だったと思います。どうかなさいましたか」

私はもうフル・ネームで思い出していた。昨年も応募してきたモノだ。私はその作品についてこう批評したのを覚えている。『実験劇と称すれば何を書いても許されると思うのはどうか。この作品は上演不可能と思われる。せめて上演可能な戯曲を書くように』

「いや、何でもない」

「選考に拙いところがあったでしょうか」

「いや、気にするほどのことじゃないさ。ありがとう水野くん」

私は受話器を置いた。

上演可能な戯曲か。たしかにそれは私の目の前で上演された。しかも私だけを観客として、さらに私自身を登場人物として。

きっとそのペラ一枚の原稿にあった宣伝文句というのは、こんなようなものだ。

『観客が登場人物である、まったく新しい実験演劇、ここに上演！』

遅い朝食をすました頃に、事務員の長谷くんが出社して来た。ちょうど十一時である。

「先生あての郵便は今日はこれだけです」

長谷くんは郵便物の束を私の机に置いた。その中に神田浩樹からの手紙があった。切手が貼ってないから、本人が事務所の郵便受けに直接投函していったのだろう。私はその封を開いた。

昨日の劇は如何がでしたかとあった。『実は』また実は、か。『実は、あのアパートで女性が屋根から落ちて死んだのは実際にあったことです。それは僕の姉で、自殺でした。僕は姉のルサンチマンを演劇にしたいと思いました。出来れば先生だけに観てもらいたいとさえ、思ったのです』

本当だかどうだかわかったもんじゃない。『御意見、御批評をお待ちしております』とあったので、私は早速葉書にこう書いた。

『戯曲の審査というのは頭の痛い作業です。特にあなたのあの戯曲においては、私はほんとうに頭痛に悩まされました。合否の結果は何れ届くでしょう』

私はソファーに身を沈めると応募原稿を手にとった。さて、また頭の痛くなる時間が始まるぞと観念しながら。

かたす

1

方言と訛りとは違うものだ。方言はその地方の独特のコトバである。イントネーション（文章全体において、または発話全体につけられた音の高低のパターン）やアクセント（単語レベルの音の高低）の問題ではナイ。もう少しいえばある事物や行為に対する名詞、動詞、形容詞、副詞の違いというのが正しい。これに対して訛りというのは主にアクセントやイントネーションの違いだと考えていい。

この地方に来て、最初に郷里とあきらかに違う方言を聞いたのが〔かたす〕というコトバだった。整理する、整頓する、かたづけることをこの地方の方言では〔かたす〕という。「散らかったわね、かたさなきゃいけないね」「おひらきの時間だからそろそろ、かたそうよ」「こんなこともう、かたしてしまいたいわ」と、この三つはたしかに整理することを意味しているが、最初は部屋が散らかっているのをかたづけたいということで、次は宴会などをお開きにしたいということだ。そうして最後は精算してしまいたい欲求をいっている。もちろん、これは標準語の〔かたづける〕の使い方に準拠している。〔かたす〕もまた〔かたづけることをする〕が、もともとの云い方で、それを短く変形したものであることは見当がつく。

そのコトバが口癖になっていた女優を憶えている。かつて私の劇団の中心になって活躍していた女性だが、当時で二十代の半ばを過ぎていたから、いまでは四十に近いはずだ。

その頃、私たちはとある演劇専用のスタジオを借りて稽古場にしていた。彼女は〈かたづけ魔〉ともいうべきか、暇さえあるとあちこちを整理整頓、掃除していた。〔かたす〕という方言を初めて聞いたのもその彼女の営為のさいに彼女の口から出たコトバだ。

公演が始まると楽屋などはとくに物が散らかりやすい。化粧前は役者各自の領分であるから下手にいじれないのだが、畳の床には差し入れのお菓子やら食べ残しの弁当の残骸が放ったらかしにされ、また読みかけの新聞やら週刊誌、漫画の類が雑然とあちこちに貝塚を作ることになる。そういうものを率先してかたづけ、掃除をするのが彼女だった。

そういう気配りというか、やや神経質な潔癖症は、育て方や躾のされ方のせいなのだろうと、たいていの者は理解していた。私もその口であったが、私の場合はもう少し進んで、彼女はきっと物が散らかっていることに耐えられないのではないかと、その性癖を了解していた。

彼女はしかし、しばらくして精神を病んだ。精神病（この場合は統合失調症に鬱病）というほどの重いものではナイ。障害とか症候群とかよばれる類のものだ。彼女の場合も聞き慣れない病名がついていたが、突発的に記憶障害を起こすため、台詞が記憶出来ず、しばしの休養ということになった。病気のきっかけが何であったのかよくわからない。何でも「かたして」しまわねば気がすまない性癖がその病気に関係していたのかそうでないのか、私にはワカラナイ。

私もけっこう整理整頓するほうだが、何からなにまで一分の隙もないくらいに整頓されているというのは、逆に居心地の悪さを感じてしまう。私の場合はだから、どこかにわざと破綻を作っておく。洗濯ものと台所の洗いものはためるのが嫌いだけれど、資料や漫画の本が散乱しているのは無頓着でいる。仕事場の本棚は整然としておくが、机の上の資料の類は、仕事に段落がつくまでそこに溢れるままにしておくといった案配である。

だいたい物事には程度というものが必ずある。歴史に悪名を残したナチス・ドイツの総統ヒトラーは類まれなほどの整理整頓好きであったそうだ。ほとんど病的といってよいほどだったそうである。ある賢者の評論によると、それが彼をして人種を優秀種と劣等種として二分する妄想に陥らせ、実行されたユダヤ民族排斥の因になったというのだが、ひょっとするとその説はほんとうのことかも知れない。

2

劇団の稽古場が郊外に移転して、それまでの住居から一時間の通勤となってしまったのが苦になって、私も転居することにした。どうせなら稽古場まで歩いていける距離に2LDKのマンションを借りた。

少し家賃は張ったが、全部で十世帯ばかりの小ぶりのマンションである。城のような構えの総戸数百世帯を越えるマンションというやつは、巨大な納骨堂を思わせて嫌だったので、私としてはお気に入りの部類であった。

ひとつの階に三世帯しか住居はない。四階建てで一階には大家が会計事務所を構えている。つまり、むかしの長屋を縦に何段か積んだようなものだ。

私の住居は四階の東南角部屋である。引越しの日、引越屋が荷物を運びいれている最中に、とりあえずお隣ともうひとつ向こう、それから真下の世帯に挨拶に出かけた。むかしは引越しの挨拶は手拭いをしるしに持って、向こう三軒両隣というのが常識であったが、いまはマンションの時代であるから、挨拶もそういう具合になる。

「お独りのお越しですか、御夫婦ですか」

と、隣の住人の初老の女性に訊ねられたので、

「ええ、配偶者として同居している女性が一人在りますが、本日は仕事の都合で、おりません」

と答えた。

すると、

「それは、かたすのがたいへんでしょう、ああ、きっとお隣がいらっしゃると思いますから、頼んでみてあげましょうね」

と妙なことをいう。

「お隣に頼むとおっしゃいますと」

私が問いかえすと、

「うちが、ここに引越した時も私と子供だけでたいへんだったんですよ。私のところは主人が亡くなりまして、いろいろありまして、大学を卒業したばかりの子供と私とで、ここへ来たんですけどね、引越しのおりにお隣に挨拶に参りましたら、お隣の奥さんというのが、親切な方でねえ、そのうえ、物をかたすのが、上手なこと。ええ、もうテキパキと、引越屋さんなんか顔負けの方でねえ、あっという間に、かたづいちゃったんですよ」

と、いう。

「しかし、いくらなんでも、初めて顔を合わせる人にそんなことを」

「だって、うちだってそうだったんですから。とにかく、お隣は整理整頓が三度の御飯より好きな方ですのよ」

それならそれでもいいかという気になり、その奥さんと二人でひとつ向こうのお隣のドアホンを押した。

整理整頓が大好きだという奥さんは在宅していて、ドアホンが鳴り終わらないうちにすぐさまドアを開けた。

「まあ、私、むずむずしていたんですよ。何だか引越しみたいでしょ。どんな方が入居されるのだろうか、私の手伝う仕事はないだろうかって、もうそわそわして、ほんとはドアのこっちに待機してたんですのよ」

まだ若い、小太りで快活な女性だった。腕を捲くって、エプロンをしめると、あっという間に引越屋に交じって荷物を運びだした。

マンションなんかの住人は、隣に住んでいる者の顔すら知らないというのが相場だと思っていた私は、初っ端からのこの出来事に少々驚いた。

「御主人、これはどこに」

いちいち荷物をおく場所を訊ねてくる。私は気圧《けお》されて適当に返事をしていたが、それが

相手にもわかったのか、

「ほんとはね、適当に、とりあえず運び入れて、後は考えながらやっていけばいいのよ」

運搬作業に頬を火照らせて、額に汗を光らせながら、彼女はいった。

引越屋が帰ると、各々の部屋はダンボール箱の砦と化していた。引越屋の場合、家具は所定の位置に置いてくれたが、その中身を整頓するところまでの値段で雇っているわけではない。私が無事終了しましたという書類に判子をつくと、彼らはさっさと帰ってしまった。

「さあ、御主人、これからが勝負よ」

ひとつ向こうの隣の奥さん（表札には山本とあったから山本さんだ）はますますの張り切りようだ。ダンボールに書かれた類別を見て、うんうんと頷くと、箱のテープを剥ぎ始めた。

「触ってはいけないものがあったら、いって下さいよ。それから、何か置く場所が特定されているものは、そういって下さいよ。まあ、人間の生活なんて似たようなものだし、部屋の間取りもうちと同じだから、置く場所なんてあんまり違わないと思うんだけどね」

私は劇団の稽古場に電話をして、団員で手のあいている者を寄越すようにいった。いくらなんでも引越しのかたづけを、今日会ったばかりの、赤の他人に全てやらせるのは気がひけたからだ。

たまたま暇にしていたのが二人、押っ取り刀でやってきた。今年入ったばかりの丸山という女性と、多田という男の子だ。これで、何とか格好はついた。

山本さんは二人の若者にあれこれ指示しながら、次々とダンボールを片づけていった。私は自分の書斎に入れる本だけを整理して、あとはただ、彼女の働く様子を眺めていた。世の中には、こういうことが心底好きな人もいるものなんだなあと、ただ感心するばかりだった。ある程度キリのいいところでお茶を出して、今日はこれくらいでいいですよとお礼を述べると、また呼んで下さいねと山本さんは帰った。私は丸山と多田に、簡単な掃除をいいつけて、階段を下りた。真下の世帯への挨拶がまだだったことを思い出したからだ。

ドアが開くと、無精髭にトレーナーの、御主人らしい男性が顔を出した。私とあまり年令も違わないと思われた。

上に引越して来た者ですというと、ああそうですかよろしくどうぞと、そのいかつい顔に似合わぬ愛想の良い返事をした。お仕事は何ですかと聞かれたので、演劇の関係で、近所で劇団をやっていますと答えた。

「そうですか、それはいい仕事ですね。私は自動車のセールスをやっているんですが、いまは何にお乗りですか」

「いや、私は免許がありませんから」

いい訳ではなくほんとうに自動車の運転は駄目なのだ。

「そうですか。それは残念。いやあ、どうも不景気でね、最近は週に三日はこんなふうに家におるんですわ」

照れ笑いなのか、それにしては哀しそうな微苦笑というふうだった。

「不景気は、何処も一緒ですよ」

そういう雑談のついでに、引越しをひとつ向こうの隣の山本さんという方に手伝っていただきましたというと、

「ああ、あの方はそういうことがお好きなようですね。車を一台買っていただいたんですが、車の中まで三日に一度は掃除してらっしゃるみたいですな。きっときれい好きなんでしょうね。セールスに伺ったおりに、お部屋の中に入れていただいたんですが、台所からリビング、居間にいたって、まるでテレビドラマに出てくる家のように、キチンとかたづいてました。うちのは、かたすのが下手なのか嫌いなのか、台所も汚れっぱなしですよ。それで、山本さんを引き合いに出して小言をいったら、あそこの台所には、3ドアの大きないい冷蔵庫があるが、うちは旧式の2ドアだから、買ってちょうだいなんて逆にいわれてしまいました。お宅、冷蔵庫は」

「うちも旧式の2ドアですよ」

「でしょ、ここはちょいと歩けば近所にマーケットもコンビニもあるから、それでいいんで

すよねえ。冷蔵庫一台買うのに、いったい何台車を売らなきゃいかんのか、説明してやりましたがね。へへへへ」

適当に切り上げようと、それではというと「あの」と呼び止められた。振り向くと無精髭を撫でながら、さかんにそのご主人が首をひねっている。

「あの、何か」

先方がいい難そうなので、こちらから問うことにした。

「いや、こんなことは、いうべきじゃないな。いかん、いかん」

「あの、何かお気付きのことがありましたら、おっしゃって下さい。荷物を運び込むさいに、何かトラブルがあったりしたんでしょうか」

「いえ、トラブルなんてありませんよ。実は、いやね、あの、さっきの山本さんなんですがね。ちょっと変なことがあったものですから」

「変なこと、といいますと」

「いやあ、こういうことはプライバシーに関わることだからなあ」

俯きかげんに独り言のようにいってから、ひょいと階上の山本さん宅をみあげて、また私に視線をもどした。

「あの方ね、以前、おなかが大きかったんですよ」

「妊娠してらしたんですか」

「ええ、臨月に近かったとおもいますよ」

「じゃあ、いま、お子さんがおありなんですね」

「いえ、そこなんですよ。それが、子供の泣く声も聞いたことがないし、何時の間にか、おなかが小さくなっていたんですよ」

「はあ、そうですか。すると、何か不幸な事でもあったのでしょうかね」

「ええ、そうかも知れません。でもね、それがねえ」

彼はまたいいよどんだ。よほどいい難いことなのかも知れない。

「それが、一度だけじゃないもんですからねえ」

「一度だけじゃないって、おっしゃいますと」

「あっ、いや、まあ、いまの話は聞かなかったことにして下さい。じゃあ、これからもよろしく」

いそいそと無精髭の旦那はドアの向こうに消えた。何がいいたかったのだろう。あれじゃあまるで、ふむ、ともかく人の噂というのは気持ちのいいものではない。

もどると丸山と多田が玄関に立っていた。「あの、山本さんが」

丸山がいった。

「どうした」

私は険しい顔つきになっていたようだ。丸山は一瞬怯んだような眼をした。

「あ、あの」

「山本さんがどうしたって」

私は口調を和らげてもう一度訊ねた。

「あの、お蕎麦を」

「蕎麦」

「はい、なんでも、お蕎麦を用意して下さったらしくて、食べにいらっしゃいと、いま、そういってこられました」

「ほおーっ、何だか悪いな。引越し蕎麦か。うっかりしていたな。そういうものは本来こっちが準備するものだろうに」

私も少し空腹をおぼえていたし、丸山も多田も私より何倍も働いていたから、腹は減っているに違いない。

「じゃあ、御好意に甘えるか」

私たちは山本さんのドアホンを鳴らした。

山本さんはエプロン姿のままで、先程と同様、にこにこしながら私たちをリビングに招き入れた。

「すいませんね、こんなことまでしていただいて。引越し蕎麦というやつは、ほんとは私のほうが用意しなきゃいけないのに」

「主人の実家も私のほうも、田舎なんですよ。昔ながらの近所つきあいというんですか、隣組の助けあいのようなものがまだ、根強く残っているんです。主人の仕事の都合でいまはこんなマンション暮らしをしていますが、いずれは故郷に帰りたいと思っているんです。でも、こういうところでも、せめて隣どうしくらいはね、こういう付き合い方をしてもいいでしょ。ここの大家はけっこう細かい人なんですけど、まさか、こういうことには文句いわないですわよね」

湯気をあげた温かい蕎麦が四つ、テーブルに置かれた。ざる蕎麦か、せいろのほうかとおもっていたが、手間のいるほうだ。

テーブルは簡易なものではない。おそらく数万円はするだろう、立派などっしりとした材で作られた家具だ。床は足の沈むような厚手の絨毯が敷かれていて、周囲は背の低いモノトーンの色調を中心にした家具で統一されている。少しでも部屋を広く見せようという配慮だろう。

その家具の一つが洋酒棚になっている。どの壜も開栓されてないところをみると、それは飲むためのものではなく、デコレーションのために置かれているのだろう。私にはわからないが、特別なビンテージものでも陳列してあるに違いない。

これもまた安物ではない本棚には、洋書やコンピュータ関係の本が頭の高さをキチンと揃えられて並んでいる。どこにもゴミひとつ落ちていない。

「綺麗な部屋ですね」

お世辞ではなくそういった。

「主人が、コンピュータをいじる仕事なものですから、塵やら埃を嫌がるんです。それでいて煙草は吸うんですけどね。矛盾していますわよねえ。おかげで、白かった壁がちょっと黄色くなってしまって困っているんですよ」

壁紙が私のところよりやや薄黄色く感ずるのはそのためか。私はリビングをぐるりと眺めて台所に眼を向けた。聞いたばかりだが大きな冷蔵庫がある。二人暮らしには少し大きすぎるくらいだ。まあ、大は小を兼ねるというから、このほうが台所仕事は楽なのかも知れない。

蕎麦を食べ終わった頃に玄関が開いて、ただいまという声がした。御主人がもどってきたらしい。

「あら、早かったのね」

「ああ」

気乗りのない返事が聞こえて、リビングに小柄な男性が姿を現した。彼女とはずいぶん年齢の隔たりを感じさせる、少々老けた男だった。

彼は我々の顔をちらっとみた。

「こちら、この階に新しく入居されたの」

「ひとつ向こうの隣に引越してきました、――です。今日は奥様に引越しを手伝ってもらいまして、おまけにお蕎麦まで御馳走になってしまいました」

私がいうと、

「そうですか、こいつは、かたすのが好きなものですから」

上着をその妻にあずけながら、ボソッとそう応えた。どうも身体の具合が悪そうにみえる。

ゆっくりしていって下さいといわれたが、私たちは早々に退散することにした。

ダンボールの空箱が転がっているわが家にもどると、丸山にインスタントのコーヒーを作らせた。

コーヒーを飲みながら、下の住人に聞いた話をしてみた。多田は、何ですかそれはとニタニタしていたが、丸山は、真顔になって、「ねえ、ちょっと臭いませんでしたか」という。

「臭うって」

「何か分からないんですけど、山本さんのところ、リビング、臭ったようなにおいがしたんです」

「そりゃ、家庭にはそれ相応の匂いというやつが何処だってあるだろ」

「ええ、そうなんですけど、何というのかな、私、臭いものにけっこう敏感なんです」

「いったい何の臭いだというんだネ」

「ワカラナイ、のですけど」

丸山は真剣に考え込んでしまった。

彼女はミステリ小説を読むのが趣味だ。私には彼女が何を真剣に考えているのか、だいたいわかった。

「あの冷蔵庫、少し大きすぎると思いませんか」

と、何か意味を含んだ様子で彼女はいった。

「整理整頓が好きな女性なのだから、あれくらいでもいいんじゃないのか」

「あの方、妊娠してらして、それである日突然おなかが小さくなって、赤ん坊の泣く声ひとつしないなんて。あの方、子供、何処へやったのでしょう」

多田はやっと丸山の言っていることの意味を理解したようで、

「おい、変なことというのよせよ」と、彼女を諌めるようにいった。丸山の言動を不謹慎に感じたからではない。彼はどちらかというと臆病なのだ。

「私、あの人の整理癖ってちょっと異常だと思う。だって初対面の赤の他人の引越しを嬉々として手伝ったりして。あの、ひょっとして望まない妊娠をして、堕ろす機会を逸して、それで、そうすると、あの不相応な大きな冷蔵庫の理由もわかるわ」

3

次の日、下の住人の髭の旦那が自動車のパンフレットを持参してやって来た。劇団をやってらっしゃるなら、誰か車を買い替える者はいないだろうか、という相談だった。私は聞くだけはしてみますと答えた。

「ところで、――さん、昨日話したあの山本さんですがね、もう一つ奇妙なことがあるんですよ」

あの話は聞かなかったことにしてくれと昨日いっていたくせに、けっこう口の軽い男だなと私は思った。あっ、そうか口の重いセールスマンなどいるわけナイか。

「奇妙なことですか」

「ええ、あのね、夜ね、なんだか黒い大きな包みを抱いて、車で出かけられるんですよ。こおんな大きな包みですよ。袋といったほうが適切かな。重そうなんです。深夜ですよ、人目を憚るようにしてです。それも、度々あることなんです。私がみただけでも度々ですから、よくあるんじゃないですかね。あなた同じ階だから、ちょっと注意してごらんなさい。きっとそういう場面に出くわしますから」

そうですかと適当に相槌を打っておいた。この事は丸山には内緒にしておいた方がいいなと思った。

稽古場に行くと、その丸山がいた。

内緒にしておくはずが、丸山の好奇心でいっぱいの眼をみると、ついつい私は先程の新情報を開陳してしまった。

「大家さんに話すべきですよ」

腕組みをして、彼女の鼻息は荒い。

丸山探偵の推理は、たいていの成り行きで想像出来るもので、あの山本という奥さんが、子供を家庭内で無理に早産しているというのだ。

しかし、それは何か理由があるのかというと、丸山にもそこまではワカラナイ。ただ、あの臭いは冷蔵庫からしてきたものに相違なく、あの冷蔵庫には間引いた子供の肉塊が入っていると、そういうのだった。だから、深夜に乗じて子供を棄てにいっているとのたまうのである。さらに、もう一度彼女宅に行ってみませんかと誘ってくるのだ。

「それはプライベートなことだから、やめておくよ。それに、たとえあの山本さんが子供を間引いたとして、君の考えるようにあの冷蔵庫に赤ん坊の肉塊が入っているとしてもだ、私には関係ない。堕胎している人はいっぱいいるんだ。同じようなもんなんじゃないか」

私は平気を装ってそういってみたが、同じようなものであるハズはナイ。丸山の推理らしいものは、たしかに理屈としてはスジが通っている。だが、あの屈託のナイ女性がそんなことをするだろうか。そこが私には納得がいかない。

「でも、気味が悪いじゃないですか」

「気味が悪いも何も、君の推理、といえるかどうかは知らんが、その推測が正しいと決まっているわけじゃないだろ」

「いいえ、私、わかったんです。あの人、きっと自分の子供まで整理しちゃったのだわ」

「整理」

「ええ、あの方、整理整頓の鬼でしょ」

丸山は頭のいい娘なのだが、どうも思い込むと視野というか了見が狭くなってしまうことが多い。思考の融通というものがあるとすれば、そういうものが効かないのだ。

今度のことも馬鹿々々しい邪推だと思ったが、しかし私としても気にならなかったわけではない。ひとつ向こうの隣だから、まだ間に一世帯クッションが入っているからいいが、これがすぐ隣だったら、ちょっと平気ではいられないだろう。かといって冷蔵庫を調べさせてくれませんかなどといえるわけがない。

丸山が感じた妙な臭いとは何だろう。下の住人が見た深夜の重そうな包みとは何だろう。大きなおなかが小さくなって、赤ん坊のいる気配もないとはどういうことだろう。不信な点を並べると、私も丸山のように奇態な結論を出したくなる。

整理整頓が趣味の女性か。異常なふうにはみえなかったが。と思索を少々、何れにせよ刑事ではないのだから他の階の住人に聞き込みなどできるわけもない。

整理整頓に病的なほどの執着をもっていて、精神を病んだまま音沙汰のない女優のことをその夜、夢に観た。

そういえば、知り合いの医師で産婦人科を営んでいる知人から、昨今、子供を産むのを忌避する割合が増えているが、その理由というのをリサーチしたら〈整頓〉出来ないからということで、当初は子供がモノを散らかすことをいっているのかとおもっていたら、とんでもナイ。その子供を整頓出来ないのだというのを知って吃驚したという、そんなハナシを聞いた。

4

引越しを手伝ってもらったことと蕎麦のお礼という口実で、山本さん宅を伺うことにしようかどうしようかと思い悩んでいたら、その山本さんがやってきた。相談したいことがあるからちょっと、部屋まで来て欲しいというのである。

私は用意してあったお礼の羊羹を持って、山本さんのところへお邪魔した。

「つい先日知り合ったばかりの方に相談なんか持ちかけるのはどうかと思ったのですが」

山本さんはテキパキと羊羹を切ってお茶を入れると、改まってそう切り出した。

「いや、それは一向に構わないですが」

「おたくのこと、何処かで見た顔だと思っていましたら、時々新聞やらテレビに出ていらっしゃる有名な方なんですね」

何処で仕入れたのか知らないけれど、彼女は私が余程の有名人だと勘違いしているようだった。

「いや、あれは仕事ですから」

「とんでもない。私、主人に聞きましたら、主人は知っていましたよ。なんでも小説家の先生だとか」

「先生というわけじゃないですよ。小説も書くには書きますが、手習いのようなものばかりで恥じ入っている次第です。まあ、とにかく、どんな仕事も五十歩百歩ですから」

何をいいわけしているんだろう。赤面逆上、私はこういう状況に出くわすのが、最も苦手なのだ。

「それで、相談というのは何ですか」

「ええ、あの、このあいだのお宅の引越しのさいに、一人若いお嬢さんがいらっしゃいましたわね」

「ええ、丸山といって、うちの劇団員ですが、何か」

「その方からお電話があったんです」

あいつ、電話なんかしたのか。

「どんな電話でした」

「あなたの秘密を知っています。冷蔵庫の秘密ですと、こうおっしゃるんです」

「冷蔵庫の秘密。と、いいますと」

ここは途呆《とぼ》けるしかしょうがない。

「それ以上は何も」

「それは無礼なことをいたしました。申しわけありません。彼女にはよくいっておきますので、どうか許して下さい」

私はとりあえず謝った。

「それでね、やっぱり、ばれちゃったかと思って。あの、大家さんにだけは内緒にしていただきたいんですが」

いったい何がばれたというのだ。まさか、丸山が想像した通りの。私は固唾を飲んだが、それにしては、山本さんは落ち着きはらっている。

「あの、何か隠し事でも」

「いまから、おみせしますわ」

彼女は先に立って、私を台所の冷蔵庫の前まで案内した。

「びっくりなさらないで下さいね」

そういうと、彼女は冷蔵庫の一番下の引き出し庫を開けた。

肉塊があった。

「これは」

「骨つきの大きなものをまとめて買うと安いものですから、こうやって塊を買ってくるんです。ドッグ・フードはなんだか愛情がなくて嫌なんです」

「ドッグ・フード」

「こっちへどうぞ」

山本さんは、奥の部屋の戸を開けた。

「ベス、ベスや」

彼女の呼びかけに、押し入れから犬が尾を振って飛び出てきた。

「犬だ」

薄い茶色の光沢のある毛並み。この犬はよく見かける種類だ。そうだ、盲導犬に使われている種類のレトリーバーとか何とかじゃなかったか。

「これは盲導犬の、あの仲間ですね」

私は、ともかくそういってみた。

「ええ、盲導犬として知られていますが、うちのベスはそんな訓練は受けておりません。ラブラドール・レトリーバーっていう種類なのです。とても賢い、大人しい犬ですし、まったく吠えませんし、性格も人懐っこいのです」

「これ、どうされたんですか」

「内緒で飼っているんです、大家さんに。だってここ、犬猫禁止でしょ。苦労したんですよ、子犬の時は、私がおなかのところ、服の下にこんなふうに隠して、散歩に出したりしたんです。妊婦の真似をしたんです。最近は大きくなってしまったので、夜中にこっそり、袋に入れて車まで運んで散歩させているんです。でも、犬の臭いはねえ、なかなか消せなくて。あの引越しの日、丸山さんて方は、気がつかれたんでしょうねえ」

私は大きな声をあげて笑ってしまった。

「どうされました」

山本さんが驚いて私の顔を覗きこんだ。

「いや、ごめんなさい。そうだったんですか。犬をねえ、おなかに隠して。アハハ、そうだったんですか。いや、それは御苦労だったでしょうねえ」

「ええ、おかげさまで。でも、どこにも迷惑をかけてはおりませんし、私としては、キチンとかたしていたわけですから」

「はい、そうですね。はい。で、相談というのは、この件を内緒にということなのでしょうか」

と、私はまだ破顔しながら、彼女にそういった。

「ええ、お願いしたいのですけど」

承知しましたと答えて、私はお辞儀した。

疑心暗鬼とはよくいったものだ。私はすぐ丸山に事の真相を話した。丸山は拍子抜けした顔をしてそれを聞いていた。多田が、そらみろといった表情で私たちの話を立ち聞きしていた。

それから二週間もしないうちに山本さんが引越しとあいなった。あまりに突然の引越しだったので、犬のことが大家にばれたのではないか、そうすると私が告げ口したように思われているのではないだろうかと心配だったが、そうではないようだった。ご主人の体調が良くないので、田舎のほうに転地療養するのだそうだ。

いつかきちんと丸山に謝罪をさせようと考えていたので、山本さんの引越しが分かると手伝いに丸山を呼びつけた。

山本さん夫婦が去ったあと、ものみな全て運び終わってガランとしたマンションの台所で、丸山が私にいった。

「うまく騙されちゃいましたねえ、私たち。山本さんは、なにもかもキチンとかたしてしまったんですね」

「えっ、どういうこと」

「カモフラージュですよ。いざという時には犬と、その餌の肉を見せるつもりで、準備していたんですよ、あの人。それくらいキチンとしているんですよ。だからまんまと誤魔化されてしまったんですよ」

丸山はまだ自分の推理の正しさを主張したいらしい。

「しかし、実際に犬をみたぞ」

「今日、その犬は何処にいました」

いわれてみると、今日犬はいなかった。

「大家の手前があるので隠したんだろ」

私は、そう取り繕った。

「もう引っ越すのに、ですか」

私はコトバに詰まった。

「犬なんて、最近はレンタルしてくれるところ、ありますすよ。それから私、この近所の肉屋さんをあたってみたんですよ。そんなに大きな肉の塊はスーパーなんかじゃ置いてないから。そうしたら、山本さんが骨つきの肉の塊を買ったのはこの前の一回だけだってことですよ」

自信満々に丸山はいうと、ほうっと息をついた。

ビニールタイルの台所の隅に大きく、冷蔵庫が置かれていた痕跡が残っていた。確かなことは、その冷蔵庫の中に整理整頓されたナニカは、すでに私たちにはわからない何処か遠くへ行ってしまったということだけだった。

雪の時間

舞鶴公園というからにはむかし鶴がこの公園の池にでも渡って来ていたのかも知れない。いまは公園の南よりの人工の池に石で出来た鶴の噴水があるだけで、冬の端整な渡り鳥をそこでみかけるなどということはない。一説によると公園そのものの形がちょうど鶴が羽をひろげた格好をしているらしいが、その説の真贋を確かめるにはドローンでも使って空から広い公園をみなければならない。ひょっとすると公園の展示室にはそういう空撮写真があるのかも知れないが、ものぐさな私は展示室を覗いたこともない。

私鉄沿線のその公園の入口付近に各駅停車の電車が停まる小さな駅があり、周辺が都市近郊のベッドタウンとなってからは、乗降客もわりあいに多くなった。

駅前に古くからある喫茶店の窓側に座ると、駅を利用するさまざまな人々の往来が間近に一望できる。書き物のネタにつまると、その喫茶店から駅前の小さな広場を眺めるのが習慣になった。窓の外にみるともない虚ろな視線を投げて、妄想とも空想ともつかぬ時間を過ごすのである。

事件など起きそうもない長閑な風景なのだが、人々の挙動の中にいつもと少し違ったものを発見すると、奇妙な現象を見出したような気分になって、時間を忘れ、ついつい一杯のコーヒーで長居をしてしまうこともある。そういう時間は出不精で旅行嫌いの人種にとっては、ずいぶんと楽しい時間である。

ちょうど初めて訪れた旅先の町の路上に立って、特にどういうふうでもナイ日本のご近所の風景と同じ、その代わり映えのなさに逆に思わず呆然としてしまう、譬えていえば、そんな感じだろうか。

昨年の暮れのことだ。その冬に公演予定の一幕芝居の戯曲を頼まれていたが、何の構想もないまま督促の電話から逃げ出して、いつもの喫茶店の、いつもの窓際の席に腰を降ろした。暮れの慌ただしさは、改札口を駆け抜ける人の足の早さに現れている。電車の発着を告げるアナウンスでさえ客を急かしているように聞こえるから不思議なものだ。駅員もふだんはやらないところまで出陣して掃除などしている。ちょいと離れたバス停の吸殻までていねいに掃いてはもどって行く。

その駅員が怪訝な顔でひとりの女を観て引っ込んだのにはワケがある。その女は、もう三十分ばかり駅前の寒い広場に立って動こうとしないからだ。降りてくる客があるたびに、客の顔を観ているから誰かを待っているのに違いない。それ以外にそんなところに佇んでいる理由などはないだろう。

白いオーバーに黒い長いスカート、赤いマフラーを首に幾重にもして巻いている。

まだ二十歳を過ぎてまもないと思える若い女性だ。大事そうに抱えた買い物袋から青い葱が、ガラケイの携帯電話のアンテナのように伸びている。買い物の帰りに旦那を迎えに来ている新婚の主婦なのかも知れない。しかし、それならこんな寒いところで佇んでいないで家で待てばよさそうなものだ。不倫の相手でも待っているのだとしたら目立ち過ぎる。この喫茶店を待合にすればそれですむ。そうすると子供のお迎えかも知れない。どこかに自動車でも停めているのかな。いや、それなら、自動車の中で待つのが、こんな寒い日の常識というものだろう。

その女の素性やそこにいる理由などいろいろ詮索してみた。少々頭の具合でも悪いのではないかとも考えたほどだ。いったい何を待っているのか、誰を待っているのか、要するに女が待っているということだけは間違いない。

窓を通してかろうじて表情の観てとれる距離にいるので、女が何やらぶつぶつ呟いているのはわかった。口辺がモゴモゴと小刻みに動いている。ひょっとすると女は少し混乱した頭をもてあましながら独り言をいっているのかも知れない。それがどんな独り言なのか、もちろん聞き取れるわけはない。

目の前のテーブルに置かれたコーヒーは冷めてしまっている。

「マスター、コーヒーをお代わり」

「何か、面白いものでもみえるのですか」

マスターが湯気のあがっているコーヒーカップをテーブルに置くと、そう訊ねた。

「えっ」

「だって、ずいぶん前から、にやにやしながら駅のようすをごらんになってるじゃありませんか」

「いやあ、ちょっと戯曲の構想を練っているだけさ」

照れ笑いをかえして、いつもは入れない角砂糖をコーヒーに落とした。木枯らしが吹き抜ける音がして、窓のガラスが軋んだ。

「外は風がひどそうだね」

そういうと、

「ええ、こりゃ雪になりますよ、きっと」

マスターは窓越しに空をみた。

さて、女。女はバス停に放置されてある椅子に腰を降ろした。それから木枯らしの音を忌ま忌ましそうに聞いて白いオーバーの襟をたてると、桃色の手袋に息をはきかけた。息は女のオーバーコートの色よりまだ白く風に流れた。

そのあとに女のしたことが変わっていた。この寒空の下で、放逐されたままになっている半ば朽ちた皮張りの椅子に身をうずめたまま、何かそれがいつものことなのか、あるいはまったくの無意識なのか、詩のようなものを口ずさみ始めたのだ。

それが聞き取れたのには理由がある。やや効き過ぎている暖房のせいにして、私は窓を少しばかり開けたのである。女はたしかに詩のようなものを呟いていた。

遠い夜　遠い空から声を聞いた
光のさしこむ窓を開けると
月は気化したドライアイスの雲に隠れ
輝く十字架になって空にゆれている
行きなさい　行って待ちなさい
と遠くからその声はいった

ヨハネが喇叭の音を聞いたように
それは未来の声だったのかも知れぬ
モーゼがシナイの山でみたように
それは天からのシルシだったのかも知れぬ

私はいそいで化粧台の前に座る
唇に紅をさし　髪を櫛で梳くと
頬にすらあかく朱をいれた
この銀の夜　溶けた鉛の国で
私は何か決意したのだ
行きなさい　行って待ちなさい
遠い空からの声に誘われて

今時こんな格好をつけて構えた詩を書く者があるのだろうか。何だか聞いているのも照れ臭い、ずいぶん気負って観念的にすぎる詩であるなと思いながら、いやまてよ、こんなふうなナレーションなら聞いたこともあったかとその呟きに耳を傾けた。

と、フードをすっぽり頭からかぶった茶色いコートの男が現れて、駅に向かって立っているのがみえた。駅の入口を中心にして、女のいるバス停の反対側に赤いポストが浮き上がっている。そのポストの辺りに、暗い茶色のコートを着た背の高い男が、背中を向けて立っていたのである。

男は女にとっては意外な登場人物であったといわねばならない。なぜなら、

「その詩は、そこで終わりですか」

男は女にそう聞いたのである。女はフードの男をじっと観ていたが、やがてやっと問われたことに気がついたのか、男に応えた。「えっ」

いきなり声をかけられて、身構えたのかも知れない。ヒールが触れてカチンという音がした。

「確か、まだつづきがありますね」

男の口調はずいぶんぶっきらぼうだ。初対面を相手のコトバづかいではない。

案外男はシャイなのかも知れない。その裏返しで、そんなふうに、やぶからぼうの物云いをしているのかも知れない。

「ええ、あったかも知れません」

しばらくして女が答える。

「『何を　誰を待つのか　どこへ行くのか　知らないままに』とつづくのではなかったでしょうか」

女はまたしばらく何もいわないでいる。きっとこのフードの男が何者なのか、探っているのにちがいない。やがて、

「ええ、そうかも知れません」

男から視線を逸らした。

これは妙な具合になってきた。それきり男も女も互いに視線を逸らしたまま、片方は椅子に沈み、片方は欅《けやき》のように黙して立っている。

まさかこんなところで何か犯罪に関わる取引でもするのだろうか。二人の会話が何かの暗号で、口ずさんだ詩は合い言葉であったのか。

沈黙を破ったのは男である。

「その詩を作った女性はもうこの世の人ではありません」

男はぶしつけに、ずいぶんと意外なことを口走った。

「御存知なのですか」

女が眉間に小皺をよせて、いう。

「その女性は私の知り合いだったのです。私たちは同じ大学の同じ学部で学んでいたのです。その女性はその詩の入った処女詩集を出版してからまもなく、まるでその詩にいざなわれたかのように、遠くに行ってしまいました」

そういうことだったのか。それならこの邂逅はまったくの奇遇ということになる。

「あなたは詩人ですか」

女が訊いた。少し、男に興味を抱いたようだが、気をゆるしたといったふうではない。そのせいか問い掛けもどこか冷たい。

「ただの貧乏学生です。私は詩もやりますが、最近は主に歌をやっています」

「歌を」

女はいわれて、たぶんその男をフォークシンガーかと思ったのだろう。手真似でギターを弾く仕種をした。男は首を振ると、

「短歌です」と答えた。

それから男は人さし指を額にあてて、何か思い出しているのか、考えているのか小さくふっと息を吐いて空を見ると、

「『街灯の火の粉とみえし路地裏に冬の銀河は燃えて流れる』、駄作ですが最近作ったものです」

自作の短歌を披露してみせた。

「街灯の火の粉とみえし路地裏に冬の銀河は燃えて流れる」

ていねいに、聞いたまま女がくりかえす。そのコトバが白い息となって三度ばかり空気に流れた。

「路地を歩いていてふと見上げると、街路灯の向こうに天の川が観えたような気がしたので

す。よく観るとそれはエントツから出ている火の粉でした」

「それ、駄作なのですか」

「みんな駄作です。才の無い男ですから」

短歌とか俳句とかいうものは苦手で、はたしてそれが男のいうように駄作なのか佳作なのかさっぱり見当がつかない。

「謙遜なのですね。他には」

「他ですか」

「聞かせていただきたいわ」

社交辞令でいったものではなかったろう。しかし、男に対する用心深さはまだ女の言葉の調子から感じられた。

男、今度は腕組みをした。

「ええ。『蝙蝠の影が飛び交うグランドは月の砂漠空の果て』」

「蝙蝠の影が飛び交うグランドは月の砂漠空の果て。他には」

「これは句ですが。『ニャーとしか泣かないうちのただの猫』。これはもう正真正銘の駄作ですね」

たしかに、いくら詩歌に疎い者にもそれくらいはワカル。

「でも、ユーモアがありますね」

しかし女は男に気持ちをひらいたのか、口許が微笑みにゆるみ、眼差しがやわらかくなった。

まあ、お世辞でいうならニャーとしか泣かないうちのただの猫は、先に詠んだ冬の銀河やら月の砂漠やらよりはユーモアとやらはあるかも知れない。というより馬鹿馬鹿しさに近い気がするが。

「猫を詠んだものでは『嵐の夜心騒いで猫を抱きジャズ口ずさむ真似をしてみる』というのもありますし、『猫のなくニャーンという声アーメンと聞こえし独りの深き夜』というのもあるにはあります。駄作です」

謙遜も度が過ぎると卑屈になる。どうも男がそういうふうになっているとしか思えない。駄作なら聞かせなきゃいいのだ。

「とてもいいような気がしますけど」

そんな男の心情を察したのか、女はそういっていっそう表情を緩めた。

「そうですか。では、お言葉にあまえてもう一つ。『白きシャツ干してありたり夏の日の午睡のあとの光の中で』おっとこれは季節外れだな。駄作のあとの蛇足というやつか。ははは、失敗しっぱい」

男は芝居気たっぷりに頭をかいた。それから、それっきり、黙ってしまった。

一息いれるつもりで煙草を取り出し、年の瀬で客もなく暇をもてあましてパイプをしゃぶっているマスターに、声をかけた。

「マスター、マスターは歌なんぞはやりますかね」

「カラオケのことですか」

こりゃ、駄目だな。そうは思ったが、

「そうではなくて、短歌ですよ。俳句でも川柳とかでもいいのですが」

「うーん、そうね。来年は酉ですから酉で何か詠んでみましょうか」

なんだ、やるのか。窓の外の男と女を一瞥して、特に進展のないことをたしかめると、

「酉で詠めますか」

面白がって、マスターを促してみた。

「うーん、そうね。……『とりえなく　とりとめもなく鳴く　にわのとり』どうかね、にわのとりというのは鶏と庭の鳥と二羽の鳥をかけたんだけど、字余りかな」

字余りとか字足らずとかという次元の問題ではない。これじゃ、落語の『雑俳』『雪てん』の類だ。それっきり歌の話題は打ち切って、視線をもとの駅前にもどした。

「誰かお待ちなのですか」

まったく不意打ちに男が訊ねた。

「えっ、いいえ、ええ、いいえ、ええ、あの、いえ」

女は急に取り乱す。それがあまり大袈裟だったので男は妙な顔をした。しかし誰だってその女にはそう訊ねたいところだったろう。

「電車をお待ちなのですか」

「いいえ、あなたは」

「私は、行くあてがないだけです。『待つ人も待たせる人もなき我は行くあてもなく駅に佇む』即興です。私自身を歌いました。ついでにもうひとつ。『佇みて空の暗さにうつむけば木枯らしのほか待つ人は来ず』」

おいおい、少々気障じゃないか、そりゃ。

「それは私を歌ったのですか」

「そんなとこですかね」

さすがに自分の気障が鼻についたか、男は女の問い掛けを軽く受け流すと、顔をあげて空をみた。

「ほんとうに空が暗い。これは雪になるな」

新劇の芝居に出てくるような台詞をいう。ここまでくると気障というのではなく、ちょっとナルシスのきらいがある。それとも、ただの格好づけなのだろうか。いや、ひょっとすると、男には何か別に思い詰めた事情というやつがあるのかも知れない。そうでないと、この先、話がつまらない。そう思い直して砂糖を入れすぎた甘いコーヒーに口をつけた。

電車が駅に入ったらしい。改札口に駆け込んで行く人々がみえる。

「また電車が入りましたね。ほら、客が降りてきた。こんな駅でもけっこう客はいるんですね。捜しましょうか。どなたかをお待ちでしょ。どんな人です」

男は降車客の顔を追う。女は立ち上がった。

「男、それとも女ですか」

「それが、よくわからないのです」

女は困った顔をした。それよりまして困ったのは男のほうである。そりゃそうだろう。わからなくもナイ。

「それじゃ、捜しようがないな」

「ええ。待っていてもしかたないかも知れません」

女の表情が暗く沈んだ。そんな女の態度に男は訝しげな顔をするかと思ったが、そうではない。何かいい出しかねているといった、そんな険しい顔つきで唇を噛んだ。

「この近くにお住みなのですね」

たぶんそんなことが訊きたかったわけではあるまい。しかし、男はそういって、女の買い物袋を指差した。

女は袋を抱えなおすと、

「ええ」とうなずいた。

「私は、駅ひとつ向こうです」男は指差す方角を変えた。

女はずっと駅の向こうをみると、

「そうですか」と一言、小さくうなずいた。

「ああ、聞くのを忘れてしまうところだった。さっきの詩ですが」

「え、はい」

「ほんとうは覚えのある詩を、こんな駅前で耳にしたので少し驚いているのです。あなた、何故あの詩を御存知なんですか。どうして口ずさんでいらしたのですか」

私が知りたかったのもそこのところである。女は何故あの詩をあの場所で口ずさんでいたのか。あの詩がこの男と女に、何か因縁のあることを示唆しているのではあるまいか。それがこの二人にとって、何か重要なことではないのだろうか。

「遠い夜、遠い空、私は声を聞いたってやつですか」

「そうです」

女は少し、何か躊躇っていたかのようだったが、

「姉です」と答えた。

「えっ」

男の顔色が変わった。ように思えた。

「あれは私の姉が作った詩です」

「あなたの。……じゃあ、あなたは彼女の妹さんなのですか。知らなかった、妹さんがいたなんて。そういえば顔が似ていらっしゃる」

男はまじまじと女の顔をみつめた。女はみつめられていることに、特に関心を示さず、つづけてきっぱりとこういった。

「姉は自裁しました」

承知とばかりに男が頷いた。格別驚いたようすはない。

「ええ、知っております。先程も申し上げたように、彼女は遠いところに行ってしまいました。去年の冬のことでしたね」

「ええ」

ほほう。これは整理しておかなくてはいけない。

女の口ずさんでいた詩の作者は、彼女の姉であり、男の知己でもあって、その彼女は自死したというわけだ。やはり因縁めいたものがこの二人のあいだにはあったのだ。何やらまだまだこの先、わけありの事態にことが進展していくのではないだろうか。ひそかにそういう展開を願った。

「こんなふうに、今にも雪の降りそうな日だった。いや、雪はもうすでに降っていたかも知れない。彼女に雪が積もっていたような記憶もある」

男にやや苦渋の色がみえた。くちぶりからすると、女の姉の自死の現場にこの男は居あわせたということになる。

「雪は降っていなかったと思います」

女は新しく判明した事実を男に問い詰めることもせず、どういうわけか、雪についてそう語って、ただ首を横に振った。

「じゃあ、あの白い、ああ、そうか、あれは睡眠薬の錠剤が彼女の傍に転がっていたのか。雪のように白い小さな粒が彼女の胸元に」

「それから雪は降ってきたのです。亡骸を病院から引き取って、お家に運んでいく道の途中で雪は降ってきたのです」

「死因は何です」男が訊いた。

「ですから、睡眠薬自殺です」

「いえ、自死の原因、理由です」

女はしばらく唇を噛んで考え込んでいたが、

「存じません」と悔しそうにこたえた。

ひょっとすると心当たりがあったのかも知れない。何か口に出せないワケがあるのにチガイナイ。

「あなた、ご存知では」

女は男に問い返した
男はそれをいおうかいうまいか迷ったふうであったが、

「あれは単なる自死ではなく、心中であったというやつがおります」

芝居がかった口調でそういった。

「え、いま何とおっしゃったの」

「心中です。道ならぬ恋の精算というやつです。しかも噂によりますと、その相手が私だったというのです」

女は驚いて男を観た。

「冗談でしょ」

男は真顔のまま、それには応えず、

「どうします、あれが心中で、その片割れが私だったとしたら」

そういって一歩女に近づいた。フードの中の眼が異様に光っている。北風がコートにもぐって、男のコートは一瞬まくりあげられたが、そんなことは意に介さないといったふうに、男は拳を強く握ったままで立っている。

「ほんとうに」

木枯らしの中でいっぱいに眼を見開いたからか、いまにも泣きそうに女の瞳は潤んでいる。

「あなたのお姉さんには、もう旦那さんがありましたね。お姉さんは学生でしたが、旦那さんはどこか立派な商社の人だったと聞いています。しかし二人の仲はあまりうまくいってなかったようです」

「そうであったかも知れません。姉は何も話してくれませんでしたから」

「その不仲につけこんで、あなたのお姉さんに半ば横恋慕するような強引さで近づいて、とうとう心中にまで彼女を引き込んでしまった男、それが私だとしたら」

「姉はあなたを待っていたのですか」

女は何か突然思い出したのか、声高になってそう訊ねた。

「えっ」

「姉もまた私のように何かを待っていたのです。何を待っていたのか、でも、何かを待っていたのです。この駅前で。それは、あなただったのでしょうか」

今度は早口で詰め寄った。

「かも知れません。ふたりはあの日、かねての約束どおりに致死量の睡眠薬を服用したのです。ところがどういうわけか、男のほうはそれを全部吐きもどしてしまった。傍らをみると、土気色した肌の女が薄目を開けて、口から白いよだれをたらして絶命している。男は急に怖じ気づいてその場から逃げたのです」

「その場所というのはここですね」

女はすぐ下の地面を指差す。

「そうです。ここです。この駅前の暗い小さな車溜《くるまだま》りです」

その駅前の暗い小さな空地には、彼ら以外にもう人通りはない。駅すら灯が霞んで店仕舞いしたかのようにみえる。

女はじっと男をみつめていたが、肩で大きな息をひとつ吐くと、長い間の重荷を下ろしたとでもいったふうに瞳を伏せ、首をわずかに傾けた。

「やっとわかりました。私が何を待っていたのか。ほんとうのことをいうと、心中の噂は私も知っておりました。もしそれが事実なら、きっと姉の相手だった男が、生きのびた片割れが、ここに戻って来るはずだと、私は心の底でそう思っていたのでしょう。それで私はここで、その人を待っていたのですね。でも、待って、出会って、どうするつもりだったのでしょう。こうしていま、あなたに出会ってもそれがわかりません」

「見届けてくれればいいのです」

男は妙なことをいって、ポケットから小さな薬壜を出した。その手が小刻みに震えているのがよくわかる。

「ほんとうのことをいってしまいましょう。実をいうと、私はあなたの後を早くからつけていたのです。どうしてなら、町であなたの顔をみかけたからです。あなたのその顔は死んだ彼女にそっくりなんです」

偶然の出逢いではなかったのだ。男はこの女を尾行してここまでやって来たのだ。

男は薬壜を手中で転がしながら、眼を閉じた。

「去年のあの時、出来なかったことを私はここでいま、遂行しますよ。あの街角であなたに遇ったのも運命の必然というやつでしょう」

覚悟ができたのか、もう口調に荒いものはない。男はその場に膝をつくと、薬壜の蓋を開け、掌に錠剤を出した。白い粒は手にあまって幾つかこぼれて落ちた。

「これだけ飲めば大丈夫だろ。今度は吐いてもどすことはないでしょう」

男は一気に錠剤を口に含んだ。そうして口中でそれを噛み砕くと、ゴクッと喉を鳴らして飲んだ。

私はマスターのほうを観た。マスターは退屈そうな眼で新聞をひろげている。口にくわえたパイプが貧乏ゆすりに同調して小刻みに上下にゆれている。駅前には女が先程の椅子に座っている。男はいない。

いや、ほんとうのことをいえば男など最初からいなかった。今まで述べた絵にかいたような愁嘆場が演じられたのは私の頭の中でだけである。あんな事が現実にこんな駅前で起こるわけはない。

私は空想で書き綴った一遍の戯曲をどう終わらしていいものか、思案した。ここでこのまま男を殺してしまうというのでは、話が古すぎる。ただでさえ新派大悲劇という調子なのに、それじゃあ、客は納得しないだろう。

飲んだ錠剤がラムネ菓子か何かで、これは男の狂言であったというのはどうだろうか。男の戯れ事に女も付き合ってみたというわけだ。しかし、それも何やら古臭い探偵小説の域を出ていない。

それなら、よし、こういうのはどうだろう。今までの物語は女の妄想であるというのは。

女は何かを、あるいは誰かを待っていて、それでフードの男をみて、幻想の中に入っていくのだ。

　夢見がちな女性特有の、空想の世界が駅前の広場で展開されたというのにしてみるか。従って、男が薬を飲んだところで、はたと女は現実にもどるのである。そうすると、雪が降っている。女は思う。ああ、いまのはこの雪のせいで見たイリュージョンなのね、と。そうして女、去る。溶暗。うむ、これならいい。コミックのようだけど、あそこの劇団がヤルぶんにはこれでイイ。
　ト、ほんとうに雪が降ってきた。
　女は顔をあげた。そうしてゆっくり、空を見上げながら立ち上がった。


「やっぱり雪だねえ」

　マスターがいって私はふと、ここで我に帰った。

「あの女、まだひとりであすこにいるねえ。もう二時間になりゃしないかい。まるで途方に暮れた鶴だね。ねえ知っているかい、もの書きのダンナ。ここの公園はむかし鶴が渡って来たらしいんだ」

　雪の降りしきる中、女は買い物袋を抱えて佇んでいる。

「さっき客になりそうな男が来て、話していたけど、駄目だったみたいだねえ」

マスターがそんなことをいうので
「客、何だいそれは」私はマスターに問い返した。

「あの女ね、よくあそこに立っているんだ。買い物袋を手にしているだろ。あれはカモフラージュというやつさ」

「カモフラージュ。すると、あの女はあれかい、客を引いているのかい」

「そうさ、冬だというのに春をひさいでいるわけさ」

そうだったのか。そうとは気がつかなかった。しかしまあ、それならそれでもいいか。私はいま構想がまとまったばかりの一幕戯曲のことを考えていた。それはいま、女が空を見上げて立ち上がったところで幕を下ろしたばかりだ。

「さてと、タイトルは何にするかな」


私は財布を取り出し、帰り支度をしながら立ち上がった。

窓の外をみると雪の中、まだ女は立っている。その姿をみて私は奇妙に混濁した思いに囚われた。今し方私の頭の中に去来した物語は、ひょっとして、ほんとうにあの女の頭の中に生まれた妄想なのではなかったろうか。

窓の外の雪は妄想の断片なのかも知れない。

「タイトルは『雪の時間』とでもするかな」

私はそんな私の考えを払拭するように、そう声に出していってみた。

駅前の街路灯の光に舞い上がって、たしかに幻を垣間見せそうな雪が白かった。私はコーヒーの代金を払うと、表に出た。

と、その時何やら羽ばたきのような音を聞いた。

私は反射的に女の居た方を観た。

鶴がたったいま舞い降りたというふうに羽根を動かして立っていた。

ナツメの夜

ナツメは自分の職業が売文業でラッキーだったとその夜もつくづくそう思った。この仕事は殆どがデスクワークで動かなくとも事がすむから、こうやって人工透析装置に結わえられ拘束されながらでも、メモをとったり、携帯端末パッドは片手でも操作出来るからその場で原稿を書くこともなんとかできる。

病院の透析室は二十四時間稼働で、IDカードと暗証番号を入力さへすれば、受付を通る手続きなしで、ひとりでやって来て、二時間少々かけての浄血（と、彼女はそう呼んでいるのだが）をすますことが出来る。

開発がすすんでここ十年ばかりで機械は従来のものの三分の一ほどの大きさになった。透析時間も短くなった。個室ではないが、同じ事情のものと顔を合わせなくともすむように隔壁があって、壁側には開きはしないが小窓がある。彼女はここを洗濯室と命名している。環境は良くはなったが、週に二回の洗濯は、文字通り命の洗濯であることに変わりはナイ。

小窓からは近隣の住居や道路の灯がみえる。今頃ふつうの生活をしている家族は眠りにつくところだろう。と、ふと考えて、いやいや、こんな世間にふつうの生活などと呼べるものなどあるワケがナイ。と、物書きめいた皮肉を思う。

たとえば、右手にみえる小ぶりのマンションの三階の窓はいつも、深夜に薄い電灯の明かりが点る。あそこにはきっとふつうではナイ生活がある。三十五年も生きていればそれくらいのことはナツメにもワカル。

ナツメが、所轄の警察に呼び出しをくらったのはその翌日のことだ。

「夏目こやみ、さん、ですね」

「はい」と、ナツメは、返事をした。

取調室ではナイ。応接室のようなところだ。だから、なにか疑われていたり、ヤバイことになっているのではナイということはナツメに察せられた。

「夏目トウセキというペンネームで、小説をお書きになっているんでしたね」

そのとおりだから、そうですと返事した。それから、

「小説というほどたいしたものじゃなくて、ライト・ノベル程度のものですけど」

と、つけ加えた。

「小説ではなく、えーと、なんですか、ライト・ノベル。それはなにか違うんですか」

もう初老の、毛髪の薄い刑事が怪訝な顔をする。

「軽い読み物です」

と、答えておくことにした。どうせ、文学とのカテゴライズを説明しても、理解されるのには及ばず、けっきょく時間が浪費されるだけだろうという判断からだ。

「えーと、まあ、いずれにしても作家さんでしょ」

「ええ、まあ。で、ご用件のスジは」

じれってえナ、と、ナツメのほうから切り出した。

「実はですね、これはナツメさん、あなたにだけ聞き取りをしているワケではナイんです。その点はご留意願います」

だから、なんなのさ。

「はい、その、ご留意とかは、いたしますが」

まあ、事なかれで応えておくか。

「あなたは、南海腎臓内科専門病院で、人工透析を受けてらっしゃいますね」

「はい、週に二回」

「そこに通院のひとたち、つまり患者さんたちすべてにお訊ねしているのですが」

なにを、

「あの人工透析室と道をはさんだ向かい側に、花園マンションという個人経営のマンションがあるのをご存知ですか」

ああ、あの灯の点る部屋のあるマンションか。

「ええ、知っていますよ。透析ブースの小窓からみえますから」

「ええ、そこなのです」

どこなのよ。

「あのマンションの三〇八号室、つまり三階の角部屋ですな」

三〇八だからたいてい三階に決まっている。

「何かそこで、事件でもあったんですか」

しびれをきらして、ナツメのほうから口を挟んだ。

「あそこに小洋手静子さんというもう三十六歳の中年女性が住んでおられます」

もうだと、こいつ、バカ。時代に完全に乗り遅れている。いまどき、女性の三十六歳を中年などと認識している男はいない。もちろん、女も。

「その方が、どうかされたのですか、殺されたとか」

「いいえ、その逆なのです。といって、まだコロシかどうかは判明しておりませんが」

「逆でコロシじゃナイって、どういうことでしょう」

「その小洋手静子さんは、刃渡り十五センチばかりの刃物を持って、ネグリジェを着て立っておられました。ナイフには血が付いておりました。ベッドのすぐ横に男の死体がありました。私どもが、三〇八号の扉を開けたときの光景です。で、鑑識の結果、男の死因は心臓を刃物で刺されたことによる出血多量の失血死でした」

「じゃあ、殺したんじゃナイですか、その小洋手さんとかが」

面倒くせえなあ、と、ナツメは苛立ってきた。

「それが、小洋手さんには記憶がナイのです」

「心神耗弱《しんしんこうじゃく》とか、ですか」

「いえ、立ったまま、眠ってらっしゃったのです」

それは、どういうことなのだ。ナツメの好奇心がちょっと動いた。

「立ったまま眠るのは血だけだと思っていましたけど」

と、冗談をいったのだが、

「えっ、それは、何かの生理現象ですか」

「あの、そういうことは精神科医と相談されればいいことなのじゃナイでしょうか」

「ええ、その方向でも動いております。ただ、私どもは目撃者を捜しているのです」

やっと出たか、本題が。ふつうの読者なら、既に本を閉じているところだな。

「病院に記録データが残っていると思いますが、私が昨夜、あの洗濯室、いえ、透析室を利用したのは二十二時あたりから二〜三時間です。死亡推定時刻は何時頃なんです」

「死亡推定時刻は前日の午後八時から十時です。通報があったのは、翌日の正午過ぎです。私どもが部屋に入ったのは一時過ぎです。つまりですな、ここから割り出すと、もし、小洋手静子が加害者だとすると、十二時間以上、ナイフを持ったまま、そこにいたことになります。本人の弁では記憶がナイ。眠っていたと思う、です」

「つまり、目撃されて然るべき時刻に、僅かながら、私の人工透析時刻が重なっているということですね」

「ええ、何か異常なこと、些細なことでも、変わったことをご覧になったり、聞かれませんでしたか」

うーん、と、ナツメは記憶の糸を手繰るが、というかそんなふりをしてみるが、

「少なくとも私が透析を終えた深夜零時過ぎまでは、何もなかったように思いますが」

「そうですか」

初老の刑事は額の汗を拭った。すでに十月も終盤なのに、まだなんとなく暑い。地球温暖化かなあ、とナツメは窓からみえる青空を横切る鳥を観た。

「あなたは」

と、初老の刑事がナツメの横顔にいった。

「はぁっ」

「小説家なんでしょう。これは、個人的に訊くのですが、こういう奇妙な事象は小説の中に出てきたりしますかね」

その質問の答よりも、ナツメはいつの間にか、壁にもたれて二人の問答を聞くでもなく注意をむけているに違いない痩身の男が気になっていた。

男はやはり刑事であるに違いない。年齢は五十代にもみえるし、四十代にもみえる。腕組みをして、何か考え事でもしているように俯いたまま微動だにしていない。

「さあ、私、あまり他人の小説は読みませんから」

と、ナツメは適当に返事した。

「私は殿山というものです」

初老の刑事は名刺を差し出した。

「何か思い出されましたら、ぜひ、ご連絡を」

「帰っていいんですか」

「ええ、どうも、ご足労をおかけしました。しかし、こんな変なヤマは初めてだな」

殿山刑事は、独り言でもいうような口調で、首をひねった。

ナツメは立ち上がって、気になっている痩身の刑事の前を通りすぎた。

その瞬間。

「夏目トウセキは、漱石のもじりでしょう。しかし、本名のこやみという名前は珍しい名前ですね」

呼び止められたワケではナイが、自然にナツメの足は止まった。

「そうですか」

特に気にとめていないふうに応えたが、

「こやみ、小さな闇ですか。あるいは小さく病んでいるんですか」

そこで、初めて痩身の刑事はナツメに顔を向けた。妙に睫毛の長い瞳だった。

ヤベっ、こいつ、タイプ。

「親が勝手につけたんだから、知りません」

「あなた、ほんとうはどう思われます」

「な、にが、ですか」

「さっきまで殿山の旦那と話されていた事件です」

「どうって、いわれても」

「好奇心をお持ちなんでしょ」

そりゃ、そうだけど。

「作家なら、興味を持つ事件だと思うんですがね」

「だから、何なんです。私に、何を答えろというんです」

「ですから、興味を持たれたか、どうかです」

あんたのほうに興味を持っちゃったワ。

「持ちました」

「夏目さん、あなたは独身ですか」

そうだが、つきあっているオトコはいた。

「ええ、戸籍上は」

と、そう答えた。

「女性が男性を殺したいと思うときとは、どんなときでしょう」

「嫉妬なんじゃないんですか」

「それだけですか」

「他に何か類例とか、あるのですか」

「私は嫉妬で女性が男性を殺すとは思えないほうの人間でしてね。もし、嫉妬を持つようなことがあったら、女性は男性ではなく、その男性に関係している女性のほうを殺すでしょう」

「そうかも知れません。しかし、それは、男性のあまりにステロタイプな考え方ですね」

「うんっ」

と、その痩身の、それまでのひとをちょっと小馬鹿にしたような視線が、急に鋭くなった。

「フォーマットでしたか」

「あたりまえです。火遊びなんかでなく、相手がほんとうに惚れた男なら、間違いなく、女はその男を刺します」

「あなたも」

「もちろん」

瘦身は、えらく真面目な面持ちでナツメをみつめた。ナツメが苦しくなるくらい。

それが、ふいに緩むと、

「失礼しました。どうぞ、お帰りになってけっこうです」

そういって、姿勢を正すと、ずいぶん丁寧に頭を下げた。


気になった。二つ。事件のことと、あの瘦身の刑事のこと。

その夜、ボーイフレンドの年下の男に抱かれても、いつものような快感がなかった。

シャワーを浴びて、ホテルのガウンを身につけると、煙草を燻らせながら、年下のオトコにナツメはこういった。

「別れて頂けるかしら」

男は虚沌《きょとん》とした目で、何か訴えかけそうだった。

「残念だけど、私のいまの全財産は、二百万円しかないの。当面の生活費に五十万円残して、あなたに百五十万円、あげる。手切れ金じゃナイわ。お疲れさんの駄賃。そう思ってもらったほうが私としてはスッキリする」

「誰か、他に好きなひとが出来たのですか」

「他に好きなひとが出来たのじゃナイ。だって好きなひとなんていなかったから。私があなたと付き合っていたのは、ベッドの上でだけだから。願わく、ば、五分以内に出てってもらいたい。出来るわよね」

「どういう女だ、あんたは」

「こういう女です。あなたも勉強になったでしょ。女の九割はこんな女」

「アト一割は」

「男の妄想」

若い男は、差し出された銀行のカードを叩きつけたが、やっぱり拾いなおすと、四分二十秒で部屋から消えた。

「さてと、奇妙な事件、気になる刑事、ちょっとオモシロクなってきたじゃありませんかナツメさん」

そう、ナツメは、無言のうちにコトバを紡いだ。

翌日、朝一番にナツメは里山東警察署に出向いた。

受付で、昨日の痩身の刑事のことを話して、会いたい旨を伝えた。

すると、それまでの受付嬢の顔が、単なる公務の顔から女の顔になった。少なくともナツメにはそうみえた。敵意なの、なんでっ。

「ツナシ　ロクさんですね、いらっしゃると思いますから、お呼びします。そちらに掛けてお待ち下さい」

五分ほどして、昨日の刑事が姿をみせた。

「どうしました。何か、思い出されましたか」

「いいえ、あなたの名刺を頂いてなかったので」

刑事は、苦笑して、

「ああ、それは失礼しました」

と、名刺を渡した。名刺には警部補の肩書とともに「十六」とあった。

「なんですか、このジュウロクというのは」

「十はツナシと読みます。つまり、一つ二つと数えていって、十には「つ」がないので、ツナシです。六は単純にロクです」

なるほど、それで、昨日、こやみという自分の名前のことを珍しいといったのだ。この十六という名前もそれをはるかに上回る珍しさだ。

「さて、他に御用は」

「いえ、ありません」

十六刑事は、また苦笑いをして、

「じゃあ、飯でも食いましょうか」

と、ナツメを誘った。断る理由はナイ。

「でも、ご飯には早いのじゃナイですか」

まだ十時過ぎだ。

「じゃあ、散歩して腹を減らしましょう」

そういうと、さっさと玄関に向かって歩いていった。

ナツメは、早足でアトを追ったが、受付を振り返ると、受付嬢が鬼のような顔で睨んでいるのがわかった。こいつは前途多難だなとナツメは思ったが、何が前途多難なのか、ナツメ自身にもまったくワカラナカッタ。

背の高い銀杏の木が間近にある喫茶店のガーデンフロアに二人、座った。

「どこまで捜査は進んでいるんですか」

「ご存知でしょ。まあ、かたどおりお応えしておきますが、捜査内容を一般人にお話しすることは出来ません」

「じゃあ、質問を変えます。どこまで進んでいるんですか、あの受付嬢とは」

刑事はポーカーフェイスだ。こんなふうな情況に慣れているのだろうか。いつも被疑者を問い詰めているから、おのずと被疑者の心理がワカルのかも知れない。

「個人情報もお話し出来ません」

「それじゃあ、ご飯食べるのはやめます」

どうだ、ピンポイント爆撃。刑事は片目を瞑った。そうして、

「あの受付のコワイお嬢さんは、私の娘です」

えっ、

「というか、私のお目付役かな、でも、私は独身なんですが」

ほんとに娘なのだろうか。

「結婚が早かったぶん、離婚も早くてね」

そんな詐話が通るとでも思っているのか。

「少なくとも私のほうから、女性を口説いたことはナイ。はずですが、どういうワケか、憎

まれるのです、恨まれるのです。恋が一つ終わると」

おいおい、どういういい方だ。なんだ、ただのキザ野郎か。ふん。

「こやみさん、あなた、昨夜何かありましたね。あんまりオイタをすると悪い噂が立ちますよ」

おっと。さすが、刑事だ。何でそんなことがワカルのだろう。

「なんの話ですか、それ」

「こやみさん、刑事を、しかもベテランの刑事をなめちゃイケマセン。推理小説に出てくる探偵の前座を務めるバカな刑事なんて、いません。あなたは小説家です。人間観察というものがある程度出来る」

ある程度、か。

「あの受付嬢と私のことを、男女の関係だと推察しましたね。しかもちょっとしつこく。ということは、私を男性として意識してのことです。間違っていませんよね。ところで、あなた、避妊ピルを服用されていますね。何故ワカルかというと、避妊ピルはホルモン剤ですから、大袈裟なことをいうと、女性をやや男性化させるのです。そういう兆候は身体的にも観てとれるんです」

「ええっ」

ナツメは、思わず自身のカラダの何処がどうなのか、昨夜、浴室の鏡で観た自分のカラダの記憶を探った。

「当たりましたか。しかし、いまのは当てずっぽうです。冗談ですよ。ははは」

この野郎、食えねえ。

「さてと、まあ、特別に捜査状況をお話ししましょう」

と、突然、十六刑事の態度が紳士的になった。

「どうして。気が変わったのですか。私、一般人ですよ」

「捜査協力を正式に依頼します」

「えっ、捜査協力」

何か特別かしら私、ナツメの鼓動が早くなった。

「データによると、あなたのブースの位置がもっとも、あの三〇八号室を観るのに適しているんです」

何だ、それだけか。

「それに、あなたは、この事件に役立ちそうだと、私の勘がいうのです。これは当てずっぽうじゃありません。あなた、私の女性の観方をステロタイプだと昨日おっしゃいましたね。私は、そういうことを女性から初めて聞きました。だから、この女性だったらと」

うまいこと、いっているだけじゃナイだろうな。

「で、捜査状況は」

と、とりあえず煙草を取り出し、火をつけて、煙を吐き出し、ココロを落ち着けてから、ナツメは訊いた。

「ええ、お話ししましょう。今日、小洋手静子は精神鑑定を受けるはずです。どう考えても、たとえ彼女が男を刺したとしても、それから十二時間以上、現場に立ったままで死体を観ていたというのは異常です」

「催眠術か何かにかけられていたとか」

「もちろん、そっちのほうも専門家をアタッテいますが、どんなに催眠術にかかりやすい人間でも、殺人は無理だそうです。殺す直前に、そこで覚めるのだそうです。どうしてそこで制御が働くのか、このシステムはまだ解明されていないそうです。専門家にもワカラナイ。しかし、臨床的実験で何度も証明されています」

へーえ、そうなのか。

「彼女以外の犯行という可能性はないんですか」

「管理人が鍵を開けるまで、あそこは密室です。他人の出入りはありません。これは廊下の防犯カメラが記録しています」

「でも、通報があったと」

「ありました」

「誰からの通報なんです」

「小洋手静子からです」

ナツメの頭にビックリ・マークが三つほど並んだ。

「本人、いいえ、彼女自ら通報したのですか」

「ええ、通話記録に残っています。携帯電話は、あの部屋に二つありました。一つは被害者のもの、もう一つは小洋手静子のものです」

それって、どういうことなんだろう。十二時間以上経ってから、被疑者自身が通報するなんて。

「殺されたのはどんな人物なんです」

「それだけはいま、お話し出来ません。警察にも事情というものがあるのです」

「動機は痴情怨恨なんですよね」

と、ナツメは質問のベクトルを変える。

「常識的に考えれば、ね」

それ以外に何かあるのだろうか。

「でもね、ナツメさん。私は常識的なものの考え方が、あまり好きじゃナイんです」

「どうして」

「私自身が非常識ですから」

そういって、十六刑事は楽しそうに笑った。

どういう余裕だ。それとも、ただのバカ。それともまた、冗談か。

「ああ、それからね、私のことをツナシ　ロクと呼ぶのは呼びにくいでしょ。同僚からトーロクと呼ばれていますから、今後はそうして下さい」

今後。今後。コンゴはアフリカだった。ナツメは頭をぷるぷる振った。今後が在る。

「昨日の殿山刑事は相棒です。このヤマ、事件のことですが、いや失礼。こんな解説は無用でしたね。あなたは作家さんですから。今度のヤマも彼と一緒に捜査しています」

「で、確認しておきます。私は一般人協力者ですね」

確認するというより、脅しているような、威張った口調に気づいて、慌ててナツメは、ストローを口にしてアイスコーヒーを飲んだ。

「それ、私のコーヒーですけど」

と、トーロクがいった。

その午後、ナツメは現場検証の終わったマンションの部屋に十六刑事、殿山刑事とともに入った。例の黄色いテープをよけながら。

「三年前から小洋手静子名義で借りられているが、彼女がここに住んでいたかどうかはアヤシイもんだな」

あちこちに目を配りながら、殿山がいう。

「じゃあ、愛の巣か」

「生活のにおいがしねえ。暮らしの雰囲気がナイ」

「凶器のナイフをどっちが持ち込んだか、判明したのかい」

妙なことを訊くなと、ナツメはトーロクを観た。被害者が持ち込んだ可能性があるのなら、小洋手静子のほうが殺されたかも、というのだろうか。

「さあ、ワカランね。刃渡り十五センチで、殺傷能力は充分だが、日本じゃあんまりみられないもんで、コレクターの垂涎ものらしい。専門の古物商に訊ねたが、何だか中東の古い儀式に使われるようなもので、一千万以下では、売ってナイとかいっていたな。もっとも売っていたとしてだけど」

「けっきょく、何があったの、ここで」

ナツメが訊ねた。

「それを調べているんですよ、協力者さま」

そう殿山刑事が答えた。

「たいていは鑑識が調べたから、もうこの部屋には残り物はないだろう」

と、いってベッドの下を覗きながらだ。

「指紋は、二人以外のものは」

というナツメの質問に、

「ありませんでしたなあ、探偵」

殿山は今度は花瓶の中を覗いている。何が探偵だ。まっ、いいか、探偵気分だから。

「いったい何をここで捜せばいいの。要するに、ここで、その小洋手静子さんという女性が男性をナイフで刺した。男は死んだ。これなら普通だけど、小洋手さんが、ずっとこの部屋にいて、しかも通報までした。これが謎なんでしょ」

その質問にはトーロクが答えた。

「ナツメさん、いまのあなたの情況説明には、一つ欠陥があります」

「欠陥っ、ナンですそれ」

「あなたの単なる想像が混じっていますね。いいですか、小洋手静子はナイフを持って立っていただけです。彼女が被害者を刺したというのは、ナツメさんの想像にしか過ぎません」

そりゃまあ、そうだけど、じゃあ、なんだっつうんだ。

「じゃあ、えっ、どうだというの、トーロク警部、補さん」

「どうともいえませんが、小洋手静子が被害者を刺したかどうかは、定かなことじゃありません」

「もし、刺していないのだとしたら」

「被害者の胸に刺されてあったナイフを抜いただけかも知れません」

「抜いたァ」

なるほど、そりゃそうだ。が、抜いたのなら刺さっていなければならない。すると、刺した者がいるということになる。しかし、

「抜いただけ、えっ、それってどういうことなんですか。じゃあ、刺したのは誰だというんですか」

「よろしいですか、小洋手静子は私たちがここに到着したとき、ネグリジェを着たままだったんです。それは死亡推定時刻からもワカルように、寝ようとしたままの姿だったということです。ところが、通報は翌日の正午過ぎ。何故、通報がそんな時間になったと思います」

「記憶がなかったとか、いっているんでしょ、彼女」

「たぶん、もう精神鑑定の結果が出ていると思いますが、私は、彼女は嘘をついていると思

いますね」

「記憶はあったということですか」

「そうです。しかし、そういうふうに姑息ないい逃れをする他なかったのでしょう」

　ここで、殿山刑事の携帯が鳴る。

「えっ、ああ、そうですかやっぱり。そうじゃないかといまトーロク刑事もいっていたところなんですよ。ええ、はい。じゃあ」

　と、携帯をたたんだ。

「小洋手静子の精神鑑定が略式ですが、終わったそうです。再鑑定はどうも必要ナイみたいですな」

「つまり、異常はナイんですか」

　ナツメは確認するかのようにいう。

「正常、セージョーだ」

「じゃあ、彼女は、何していたの。正常な女性が異常な、いえ、そのときだけ異常だったということだって充分在り得るじゃない」

「ナツメさん、事実だけをみつめましょう。私たちはそのために、事件のあったこの現場に来たんです。何かを捜しに来たんじゃありません。さて、ここに、男の死体があった。ここに女がナイフを持って立っていた。その情況が、一晩以上続いた。それはいったい何を意味しているのか。それを考えるのです」

トーロクはそういって、いちいちその場所を指さしたが、そんなワケのワカラナイこと、考えられるもんか。

「明らかに情報が不足しています。しかも最も重要な」

ナツメは、トーロクを睨んだ。

「どんな」

トーロクがナツメをみつめ返した。ナツメはちょっとときめいた。

「やっぱり、刺された男が何者なのか、それがワカラナイと、たぶん、何もワカラナイのじゃナイノジャナイのではないのでは」

「そうですねぇ」

と、トーロクは殿山刑事に視線を向けた。殿山は頭を掻いている。

「まあ、なんだな、ここは、逆に一般人協力者だから、漏らしていいんじゃないか」

「殿さんも、そう考えますか」

「ああ、まあな」

「何者なの」

再度、ナツメが、訊ねる。

トーロクは、いったん腕組みをして思案したようだったが、すぐに腕をほどくとナツメの質問に答えた。

「自衛隊の関係者です。普通、現場では医療活動をしますから医療班です。まあ、自衛隊員のお医者さん兼、正式には自衛隊医学研究班ですね」

「自衛隊」

ナツメはつぶやく。ますますワカランではナイか。

「その小洋手静子さんは、その自衛隊のそのお医者さんのその愛人だったのね」

「そのその、でもあったようですな」

と、殿山が妙な答え方をした。

「でもあったって、それは」

すかさずナツメの質問が飛ぶ。

「調べによると、小洋手静子も、自衛隊に勤務していたことがあるんです。やはり医療班、医学研究班にです」

質問には、トーロクが答えた。

「三年前に除隊しとりますな」

と、今度は殿山が答える。

「つまり、二人が知り合ったのは、その自衛隊のお医者さん部隊というワケね」

「如何にも、探偵」

そんなことは探偵でなくてもワカルわい。

「で、ここが愛の巣ということ」

「男のほうは既婚者ですからなあ」

殿山、額と頭の汗を拭く。あっ、ハンカチに毛が一本。また抜けたんだ。

「私たちは、直接に自衛隊の医療班、あるいは関係者に接触することは出来ません。接触しても、私たちの欲しい情報は手に入らないでしょう。被害者らしい自衛隊員も、推定無罪の被疑者、小洋手静子も、マスコミには実名公表されていません。伏せられています。しかし、この伏せられているということが、最もアヤシイ」

そういうと、痩身の刑事は警察犬のような舌を出した。ああ、あの舌が舐めたいとナツメは思ったが、いや、警察犬の舌ってどんなんだろうと、思考を転換した。何で警察犬だと思ったんだろう。でもあの舌で（以下十六才以下伏せ字扱い）されたら、きっと私、雌イヌのように（以下cut）だろう。

「まず、この部屋を借りたのが、誰なのか、地道にいきますか」

と、殿山がため息まじりにいった。

「ええ、地道にいきましょう。被害者の葬儀は、司法解剖が終わってからだから、明後日です。私たちが線香の一本あげても、文句は出ないでしょう」

不動産屋のアトは葬式か。なるほど、地道な仕事といえば、地道だな。


地道に二人の刑事とナツメによる捜査はつづいたが、これといって進展はナイ。

花園マンションは個人経営のマンションだが、管理は意外に大手の不動産業者の手で行われていた。誰が部屋を借りたかって、小洋手静子のほうじゃないのか。それとも、殺された、いや死んだ「その」自衛隊員のほうか。ナツメは、小指で額を掻いた。

ようやく二人の刑事の地道が的を射たように、花園マンション三〇八号室を借りたのは、どちらでもなく、賃貸契約の名義人は架空の存在だったことだけは判明した。

それからこの事件に関しての捜査本部は所轄署に置かれていないということをナツメは知った。つまり、この二人の刑事だけが、捜査にあたっていたのだ。そうそうテレビドラマの『相棒』だ。あるんだなあ、そういうことが実際に。

なのに、突然に一般協力者なんて、イイノカイ。いいのだろ。なんだかワカラナイが、あまり追求しても始まらない。

「ここは掘っても骨一本出んでしょうな」

殿山が、トーロクに、すっかり諦めたかのようなショボイ顔を向けた。

「出ないでしょう。契約者も保証人もデタラメだが、こんなものは書類だけですからね。銭さへキチンとしてれば、大家も管理者も文句をいう筋合いはナイ」

でも、と、ナツメは半畳入れてみた。

「個人経営なら、コネとか、親戚、あるいは何か大家の関係者の線というのは」

それには殿山刑事が答えた。

「実はね、ナツメさん、例のマンションは、すでに借金の抵当で差し押さえをくらっていましてね」

「すると、その管理不動産会社が、代行を」

「そうですな」

「その会社って、どこかの大手の下っ端ですか」

「ええ、大手ですね。ある省庁ですから」

殿山は頭を撫でた。

つまり、防衛省か。自衛隊か。何なのだ。愛の巣でもナイのか。

現場に近い古びた喫茶店で三人は珈琲timeを、というか、その店はめずらしく店内喫煙が出来たものだから、逆に客はうんと少なかった。ほぼ、いや、まったく三人以外に客の姿はナイ。

マグカップを置くと、大真面目な顔で十六警部補はこう述べた。

「一つ、ここいらあたりで私の推理を述べておきます。もちろん単なる憶測です。司法解剖の結果による解析ではチガウ答えが出るかも知れません。とはいえ、私の考えでは小洋手静子は、やはり待っていたんだと思います」

待っていた。何を。誰を。おい、第三者の登場があるのか。ナツメにとっては焦れったいだけの前口上だったのだが、

「誰かが三〇八号に訪れるのを待っていたのじゃありませんよ」

否定された。

「じゃあ、何を待っていたのですか。電話か郵便、配達か何かですか」

「率直、単刀直入に誤解をおそれずにいえば被害者が生き返るのを待っていたんです」

「えっ、それ」

耳を疑うとはこのことだ。誤解も、単刀直入もナイ。袈裟懸けで一太刀だ。

「あの、何をおっしゃってらっしゃっていっちゃっているのか、さっぱり」

そんなナツメの声は聞き流すかのように、トーロク刑事は奇態な推理を続ける。

「被害者を刺したのは、小洋手静子、被害者自身、どちらでもイイんです」

「な、なんで」

「同じことだからです。命を絶つため、それだけのためにです」

「で、えっ、生き返るんですか」

「そうです。ナツメさんは、エンゼル・ウィスパーという米軍が開発したクスリをご存知ありませんか」

「エンゼル・ウィスパー、天使のささやき、効能は何なの」

「これはアメリカが特殊部隊専用に開発したクスリです。飲めば八時間、人間から痛みの感覚を奪います。つまり、たとえ撃たれても致命傷でナイ限り闘えるんです」

「被害者は、そのクスリを飲んだのですか。でも、死んじゃったと」

「いいえ、被害者が飲んだのは、もう少し違う、研究班で開発のものでしょう。私の考えでは、おそらく傷害にあった部分を蘇生させるものだったに違いありません」

「蘇生、すると、被害者は」

「ええ、それをここで、愛人の目の前で自ら試してみせたんです。十二時間以内に蘇生するからよく観てろ、とかいったんでしょう。ナイフは抜いてくれとも、いったでしょうけど」

「で、小洋手静子はナイフを握ってただ、立って、蘇生を待っていたと」

「おそらく、被害者にとっては初めての実験ではなかったとおもいますよ。自信はあったとおもわれます。しかし、誤算があった。刺すのに使ったナイフです。現在、科特が分析していますが、その古典的、いや古代的といいますか、中東の古い儀式に使われたとされるナイフは、鉄製でも青銅でもありません。何か特殊な金属らしいというところまでは情報を得ています。それを、小洋手静子あるいは被害者がどういう経路かで所有していた。で、じゃあ、このナイフで試してみようかと、いずれかが挑発めいたことをいいだした」

「そのナイフのなんらかの成分が蘇生を拒んだのですか」

「辻褄は合うんですがね」


ブザーが鳴って、人工透析装置が透析の終了を告げた。窓の外、向かいのマンション三〇八号のベランダをぼんやり眺めていたナツメは、ふと我にかえった。ナツメの脳裏で展開されていたナラティブ（narrative・物語）は、同時に第一回を終えた。

ナツメは、腕を装置から外すと、さっさと着替えをして廊下に出た。

うん、今日の妄想、いや創作は良かったな、ミステリにするか、ホラーにするか、トレジャーか。つづきが楽しみだな。そう思うと小さな独り笑いがこぼれた。

と、宿直当番の医師が向こうから歩いてきた。

「こんばんわ」とその、痩身の医師はいった。

「あら、みなれない先生ですね」

「ええ、一昨日からここに勤めています。腎臓内科の」

「ひょっとしてツナシさんですか」

ほほ、ここに来る楽しみがもうひとつ増えた。と、ナツメは肩をすくめて、ほくそ笑んだ。


―第二回に続く―

解説

岡野宏文

人は鬱蒼たる謎の森の中に棲んでいる、と誰かが言う。

その森をくぐり抜けるために人に与えられた叡智は、浅き夢を寝覚めにたどるほどにも頼りない。

「風は己が好むところに吹く、汝その聲を聞けども、何処《いずこ》より来たり何処《いずこ》へ往くを知らず」と語ったいにしえの聖者すらいまは儚い。

だが不相応なばかりに欲深い私たちは、「もっと謎を」と息せき切りながら本の中に潜り込みたがるのだ。「もっと光を」と苦しい息の下からいまわの言葉を漏らしたゲーテのようにではなく、「ハムレット」の奸王クローディアスが「光を、光をもて！」と叫んだようにだ。

答えはあっけない。みなぎる謎の闇を尻目に、その身代わりに、せめて曇りなく見渡せる謎の解明を一時でも手に入れたい願いを、むげに否定できるものが果たしているだろうか。だとするなら、とり組むのはあらん限り込み入りに込み入った謎の方がいいに決まっている。そうやって、日々作家の書斎では、破天荒に混乱した謎でありながら、その終《つい》は明晰な、海のごとき解決の開ける言霊たちが、死に物狂いで組み立てられていくのである。

さて、解説です。

この日の来るのに満を持して、「このどんでん返しミステリが凄い」なるインターネットからの情報を頼りに、二ヶ月で百冊ばかり読んだ賜《たまもの》に、どうやらどんでん返しの骨格は四つくらいしかないということに行き着きました。

◆Aという人物が実はBだった。これは発展系として、Aが実はBでありAでもあった。
◆一つの物語だと思えたものが、実は、章ごとに時間や語り手の入れ違いが行われていた。
◆一つの物語の裏側に、もう一つの別の物語が流れていた。
◆お話の状況そのものが変化してしまう（主人公がはじめ目が見えず、あるいは記憶消失で、のちに快癒すると世界が違っている、のような使われ方）。

もちろん、私の眼目はこんなゴタクを偉そうな顔して並べたりするための分析ではなく、ミステリの解説ってやつを皆さんどんなふうに書いていらっしゃるのか探りたいという、下心の発露なんでありました。なにせ、ことミステリの解説ときたら超難物ですから。

ミステリというのは解説しようとすると、そうそう目から鼻へとスムーズにくぐり抜けられれば私たちの仕事も太平楽な身すぎだけれど、うっかりしてるとどうしても作品の剣呑な箇所、いわゆる「サワリ」ってやつに触れそうになることがあるので、岨道《そばみち》をたどって迂回してホッと息を継ぐ、てな雑文に落ちる陥穽大なりと思し召せ。

有名作の解説なら、それなりの作家なり書評家が担当してるゆえ、自分の書く時に参考に出来ると踏んでの百冊行脚だったのに、だいたいね、みんな当たり障りのないとこを、ふわっと通り過ぎながら書いて、また腑分けして恐縮だけど、三種類くらいしかないの書きようは。

◆著者のほかの作品をほめる。
◆肝心の部分に触れないようにあらすじを紹介する。
◆著者と自分の交遊録と、作風を考察する。

やっぱりこんな具合に書くしかないんだなぁと、全然参考にならなかった百冊をブックオフ行きの段ボールに詰めおえて、少し意気阻喪して、あと三回ゲラを読んで書こうと決めました。まだ本文読んでない人、解説先に読まないでね。

ではほんとにはじめます。

『悪夢の顛末』は、海に呼ばれる悪夢を見続ける青年の話です。

旅の車中で、数人の若者たちが夢の話に興じているわけですが、お定まりに他人の夢の話はなぜ面白くないかなんて話題が出て、「追体験できないからじゃないかしら」と答える女子がいたりする。

不肖わたくしは、夢はダイレクトに脳が見ちゃうものだからと思っています。脳はなにかの激しい体験をすでに得てしまっていて、映像はそのあとからふさわしい何らかのメタファーを見つくろって眠っている人のところへやってくる。だから、映像だけ語られても大元の情感には決してたどり着けない。それが夢の狡猾極まりないメカニズムなのではないかしら。待てよ、これ吉本隆明さんが言ってた説だったかな、皆様『共同幻想論』、『言語にとって美とは何か』お読みになってご確認いただけるとありがたいです。

閑話休題。

と、そのうち、ひとりの青年が海の夢をよく見るというのです。おいでおいでと声に誘われ、おのれの意志とは無関係に、両の足はズイズイと波をかき分け、体は当たり前のように深みにはまっていくという夢らしく、みなは、フーンなんだろね、と思案する。

このあと物語は二転ほどする仕掛けになっていますが、ストーリーの表側にこそ顔を出しはしないものの、幕の一枚奥にはおそらく、タナトスへの憧れ、違う言い方をするなら〈Suicidal ideation〉つまり「希死念慮」の蠢《うごめ》いているのが明瞭に見て取れます。死にたい、さらには死ななければ、という強い思いがどこからともなく訪れる心の状態のことです。いわば、死にたいという思いが美学にまで発展しているのでしょう。

この作品では、ひとりひとりの人物がそれを背負っているというよりも、物語を包み込む空気自体にそうした情緒がひっそりと流れている気がするのです。この作の「静けさ」はたぶんそこからやってきていると思います。

『現住所不明』

演劇関係の営みをする「私」のもとに、ある日、母校から現住所不明者のリストが送られてきます。高校の同窓であったそれらの人物たちの面影を、思い出すともなく思い出していると、リストの最後の宮本耕吉（体育担当）の名前が目にとまり、いやなヤツだったと胸に落ちたとたん、「私」は十日間の休暇を事務所に届け、宮本の居所を突き止める旅に出るわけです。

まず警官になっているひとりの友人を探し出し、それからあちらへこちらへと赴く運びですが、牽強付会に怯えず言っちゃえば、迷宮譚の色合いがにじんでいます。

ご存じのように、ギリシア神話のアリアドネはテセウスに一筋の赤い糸をたぐらせ、ラビリントスからの脱出を果たさせるのですけど、この原型にちなんで、迷宮譚のさまざまな意匠が生み出されていくこととなっています。

ミステリの場合、レイモンド・チャンドラーの『長いお別れ』が際立って優れたプロットを育みましたが、‹seek & find›、つまり「探して見つける」、ところが見つけてみたら相手がすでに別のものになってしまっていた、そういう切ない仕掛けが読者の心を強く打つのです。

さて、本作では、やっぱりなにかが決定的に変わってしまっているのですが、それがなんだったかは既読の皆様にはもうお分かりでしょう。

岡野宏文

『不可解な事件』

　これまた演劇関係の仕事に従事し、一家を成した「私」は、戯曲賞の選考委員もつとめ、その応募作のレベルの低さに読むを苦渋し、ボヤいているところへひとりの青年がたずねてきます。居住するアパートで女性が転落死し、自殺か殺人かにわかには判断しかねるため、見極めていただきたいと願い出る、つう物語。そのアパートに寝起きする住人が誰も彼も一風変わったものどもで、奇怪至極に入り乱れた愛憎関係を結んでおり、聞いただけでは迷走するばかりなので、明日おいでと願って亡くなった女性の降霊会にご参加ください、という約束に着地するのです。

　ここから実に妖しい展開に突入していく、ちょっとしたホラーばりの本作ではありますが、巻き込まれ型のサスペンスとも言えます。

　巻き込まれ型の王者はと聞かれたらば、ヒッチコックと答えて石を投げる人はいないでしょう。『北北西に進路を取れ』も『間違えられた男』も、さわれば手の切れるような巻き込まれ型なのは皆様もご存じのはず。で、すぐ分かるのは、こういうのは巻き込まれる御仁が散々な目にあう仕掛けになっていることです。ひどい目にあえばあうほど見ている方は面白い。それどころか、もっともっとやられちまえ、という心理になってくるから人間て怖い。

なんの怨みがあって「自由の女神」のてっぺんで組んずほぐれつしなきゃならねえのか。理由はいらない。

このとき、鑑賞者の目は監督の目と重なっています。監督はものすごくいじわるな目で、主人公をいじめていじめていじめ倒して楽しんでいるわけです。

言ってみれば、このてのサスペンスを作り出す作者の目には、サディスティックな刃が必ず潜まされているのです。事件の意外な展開より、読者もまた、そのサディスティックな目を楽しんでいるのではないでしょうか。

『かたす』

「かたす」というのは、もともとは、「片付ける」「整理する」などの意味を持つ関西一地方の方言だったが、いまでは東京を初めとする関東地方でも割に使われている言葉になっています。

語り手の「私」が事務所を新しいマンションに引っ越すことになり、業者が慌ただしく動き回る中で、運び込むのはやってくれるが段ボールから引っ張り出した諸々を、さてどうやって使い勝手のいい場所に納めるか煩わしさに途方に暮れていると、隣の奥さんが異常なまでに「かたす」のが得意でという話を聞き込み、恐縮しながらも頼んでみると大喜びで、しかもその「かたす」能力が文字通り聞きしにまさるめざましさ。感嘆するや、奥さんからそばを食べにくるよう「引っ越されそば」の誘いを受け、お邪魔するなり、一分の隙もない奥さん宅の片付きぶりに、とまあそういう出だしです。

ここからちょっと、ミステリの局所に触りかかる記述になりますから、触られたくなくて、本作にだけ触られて悶えたい方は、飛ばすか、先に本文に戻ってください。

現実とフィクションとを問わず、殺人なる所業において一番重要なのは、凶行そのものではなくて残った「お体」をどう「かたす」かという難問であります。「お体」がめっからなければ、殺人事件の証明がいっかな難しいのは、あの「愛犬家殺人事件」でも明らかになっているほどです。かのミステリ界の覇者・都筑道夫センセイも『死体を無事に消すまで』てな論集を上梓されておられますくらい、なにせ当たり前ですが「お体」は歩いてくれない、くわえて、亡くなられると「お体」は思ったのより三倍くらい重くなるらしいです。

古来より、さまざまな切り回しが考案されてまいりました。バラバラにして捨てる、焼く、溶かす、壁に塗り込める、ドラム缶に詰めて海に捨てる、食べちゃう、人形に仕立てる、そのまんまなんだけど見えない（京極夏彦氏のある作品など）、だけどまあいっとう楽なのは「殺さない」なんですけどね。

　しかし本作に関して言えば、「隠して」あることよりも「隠してあるんじゃないか」という、忌まわしくも厄介なその物体に対する登場人物たちの不安と不穏な空気が、醍醐味となっています。

「かたす」ことに淫しているというか、もう強迫神経症になってる人は、けっこうな数いらっしゃるはずと思います。潔癖症というヤツですね。この潔癖症に魅入られた方がもし巧緻な犯罪者だったらどうなるか、という作でもありますでしょうか。


『雪の時間』


ある種の「幻想譚」、ファンタジーですね、ミステリと言うよりも。

ある雪の日、語り手の「私」は次に書く戯曲の構想を練りながら、喫茶店の窓からぼんやりと外を眺めている。すると、駅前に長時間たたずむ若い女が目にとまる。この寒空に何をしているのか訝しい。やがてひとりの男が近づき、会話が始まり、ドラマチックな顛末が紡ぎ出されていく、という次第です。

　こういうのは「夢オチ」と呼ばれるそうで、ファン界隈では拍子抜けするだけだからと忌避される傾向もあるとかで、だけど私がいままでで比類なくたまげたのは、小説でなく、映画の『ワンス・アポン・ア・タイム・イン・アメリカ』（一九八四年製作、セルジオ・レオーネ監督）で、同監督の、『ウエスタン』というタイトルで公開された『ワンス・アポン・ア・タイム・イン・ザ・ウェスト』、そして『夕陽のギャングたち』なるタイトルで公開された『Duck, You Sucker』が、言ってみれば「アメリカ史三部作」の形となっているのですが、私が思うにアメリカの現代史となるはずだった四作目が本当は構想されてたんじゃないかって妄想をとどめ得ないのです。八九年のレオーネ監督のご逝去がなければ。見たかったなぁ四作目。

かの塚本晋也監督が、二百六十九分の超長尺を見終わったあと、「えっ」といってすぐ巻き戻してもう一回見た、って曰く付きの名作ですわ。

いや、またまた閑話休題。

本作では詩、短歌、俳句が重要な物語のよすがとなっています。これらの芸術形態は言葉を省略しながら、省略した言葉の数十倍の意味内容を伝えてくるアクロバティックな表現を本質としています。平安時代に流行した「歌合わせ」は二組に分かれて一首ずつ歌を詠み、優劣を競う遊びでしたが、江戸時代に頻繁に組まれた俳句の「座」というのも、前の人物が詠んだ句から言外の意味をくみ取りいかにひねりをきかせて次の句につなげるかがキモです。

少し時代は下がるが、太田南畝《なんぽ》のはじめた狂歌は天明の世に日本中に大激流を起こしましたが、たとえば
「世の中は金と女がかたきなり」

と詠んだあとに、

「どふぞかたきにめぐりあひたい」

なんて洒落た原歌どりをして見せたのは有名です。

ことほどさように、本作でも、男女がお互いに差し出す歌の意味を探り合いながらドラマを進めていく手法が使われています。


『ナツメの夜』

ナツメは透析せねばならぬ厄介な身体を抱え、週数回深夜の病院にてベッドのお世話になっている。その窓外に見えるマンションの、ある一室にけったいなタイミングで明かりの明滅するのに気づき不審に思っていると、その部屋でこれまたけったい極まりない殺人事件の起こっていたことを聞かされる。いや、はたして殺人なのかどうかも判然としない奇想天外な事件現場なのですね。そうしてナツメは、異例の一般人捜査協力者に加わることになる。

状況からは起こりえようはずのない犯罪が起こってしまっている、というパターンに入るんではないでしょうか。「お体」はある。凶器を持った人物もそこにいる。でもどうやったらこんな事件が発生できるのか。「不能犯」てものの変種スタイルですかね。「不能犯」というのは、法律用語の一つで、実行者が意図を持って犯罪に及ぼうとしたが、その行為からは起きた結果の発生はあり得ない、という犯罪をさします。この言葉は松坂桃李主演の映画で人口に膾炙《かいしゃ》しましたが、原作は宮月新によるコミックです、ま、とっくにご承知かも知れませんけど。主人公の宇相吹正《うそぶきただし》はマインドコントロールのような手管で、相手を精神的に追い詰め、ショック死させるため、犯行の立証のしようがない、という主旋律を奏でてサスペンスをつないでゆきます。

立証しようのない犯罪で私が思い出すもう一つの見事なミステリは、西村京太郎の『殺しの双曲線』ですね。「カメさん、乗ってみよう」でしか知られていない西村は、実は手練れのトリックを駆使する傑作をいくつも書いていて、これはそのうちの一つです。もう一本、アガサ・クリスティの『オリエント急行殺人事件』も立証できない殺人の一つと、私は常々考えています。ポアロが犯人を割り出さないままカレーの駅に着き、警察が介入してきたとしても、この犯罪は立証できません。なぜかはちょっとアタマをひねってみてください。

また、また、また、閑話休題。
私は本作を読み終えた時、いつぞやヒゲじゃらけの貧相なじいさんが、テレビに向かって、「これが定説です」としがみつくように繰り返し発言していた不思議な絵柄を思い出さずにいられませんでした。

（おかの・ひろふみ／書評家）

初出　『青春と読書』（集英社・読書情報誌）

『悪夢《あくむ》の顛末《てんまつ》』　一九九三年七月　本誌のために改稿
『現住所不明』　一九九三年三月　〃
『不可解な事件』　一九九三年五月　〃
『かたす』　一九九四年八月　〃
『雪の時間』　一九九三年一月　〃
『ナツメの夜』　二〇二四年三月　改稿書き下ろし

一冊必読人に寄す

万平BOKS発刊に際して

真理が万人によって求められることを自ら欲するごとく、狂気もまた万人によって愛されることを自ら望み、かくして正統に至る道標となるべく生まれてきた。

表現のあらゆる形態、〈音楽〉〈書画〉〈舞踏〉〈演劇〉〈文学〉などは、遠く我等祖先が、氷河期に穴居して、吹き荒れる嵐の中のあらゆる悪理、擬制、権力、暴力、恐怖、魔怪と闘わんがために、住処の暗闇の中に焚いた燃ゆる炎を囲んで、持てる微力を遥か宇宙の果てに届くまで、創造と想像、空想と発想によって膨張拡大せしめ、自らも燈明と心得おきて手に入れた、ヒトの持つ誇るべき「お宝」である。

鑑みれば、この「お宝」はいま、消滅、灰塵、忘却の危機に瀕しているといってけして大袈裟な嘆きではない。いまやこの「お宝」を悪銭の時代から奪い返すことは覚醒せる隣近所の切実なる要求である。捲土重来、如何にして成らんや。

もしいま我々が微力であるならば、いま一度祖先の如く洞穴の炎を囲み、微力とはけして無力ではナイということを、ココロに刻まれたゲノムの記憶に求めねばならない。

世界が戦争、飢餓、殺戮、暴動、さらに自然からの復讐の如き驚異に晒され、世間が義理人情をなくし、殺伐とした朝にうなされて目を覚まし、悪夢の夜をむかえねばならない今日、ポケットに入れた、ただ一冊、ポーチに仕舞いし、ただ一冊の読書はその悪霊と闘う力となると信ずるは愚かなる夢であろうか。そは毅然と死に立ち向かい、仁もって争闘する力と等しさを同じくするや否や。

おうよ、往くべき逝きもせよ。我等こそは風に吹かれる花一輪、ならば伝えよその姿を。

小説、随筆、戯曲、詩歌、詞謡、評論、文芸、哲学、社会科学に自然科学、もってけドロンジョン万次郎ならぬ、万平BOKS。

携帯に便にして価格ほどほど、その内容と外観のセンスをもって力を尽くし、芸術を好み知識を求むる士の自ら進んでその掌に握し、希望ひとつを胸にして、迎えられることこそ吾人の熱望するところである。

その性質上経済的には最も困難多きこの事業にあえて当たらんとする吾人の志を諒として、その達成のため一冊必読人とのうるわしき共鳴あらんことを切に願う。

二〇二三年十月

北村 想

著者｜北村 想（きたむら・そう）

劇作家・演出家・小説家。1952年生まれ。滋賀県出身。1979年に発表した『寿歌』は、1980年代以降の日本の小劇場演劇に大きな影響を与えた。1984年『十一人の少年』で第28回岸田國士戯曲賞、1990年『雪をわたって…第二稿・月のあかるさ』で第24回紀伊國屋演劇賞個人賞、1997年ラジオ・ドラマ『ケンジ・地球ステーションの旅』で第34回ギャラクシー賞、2014年『グッドバイ』で第17回鶴屋南北戯曲賞を受賞。現在までの執筆戯曲は200曲をこえる。また、小説『怪人二十面相・伝』は、『K-20 怪人二十面相・伝』として映画化されるなど、戯曲だけでなく、小説、童話、エッセイ、シナリオ、ラジオドラマ、コラムなど、多才な創作を続けている。現在は、主にシス・カンパニーに書き下ろしを提供しているが、加藤智宏（office Perky pat）との共同プロデュース公演（新作の、作・演出）も始動している。2013年『恋愛的演劇論』（松本工房）を上梓。2020年に第73回中日文化賞を受賞。

万平《まんぺい》BOKS《ボックス》 3《サン》

6篇のミステリ短編集

発行日　2024年12月14日　初版第一刷

著者　北村　想

発行所　万平BOKS

発売所　松本工房
住所　大阪市都島区網島町12-11 雅叙園ハイツ1010号室
電話　06-6356-7701
FAX　06-6356-7702

編集協力　小堀　純
装幀・組版　松本久木
印刷・製本　株式会社ケーエスアイ

ISBN 978-4-910067-25-4 C0074